留学生のための
アカデミック・ジャパニーズ
動画で学ぶ大学の講義

東京外国語大学
留学生日本語教育センター編著

スリーエーネットワーク

©2019 by Japanese Language Center for International Students, Tokyo University of Foreign Studies

All rights reserved. No part of this publication may be reproduced, stored in a retrieval system, or transmitted in any form or by any means, electronic, mechanical, photocopying, recording, or otherwise, without the prior written permission of the Publisher.

Published by 3A Corporation.
Trusty Kojimachi Bldg., 2F, 4, Kojimachi 3-Chome, Chiyoda-ku, Tokyo 102-0083, Japan

ISBN978-4-88319-789-7 C0081

First published 2019
Printed in Japan

はじめに

　本書は、『留学生のためのアカデミック・ジャパニーズ聴解』（以下『AJ聴解』）シリーズの中級、中上級、上級に続く、『AJ聴解』のゴールとも言える「講義」を聞く練習のためのものです。

　本書の中で講義を担当しているのは、その多くが、長年、東京外国語大学留学生日本語教育センター（以下「本センター」）で留学生に対して講義をしている先生方です。本センターでは国費学部進学留学生に対し、大学に入る前の予備教育として日本語を指導するほかに、大学で日本人学生と机を並べ、日本語による講義が理解できるように、数学、社会などの専門科目も日本語で教えています。今回その先生方にお願いして、それぞれのご専門で留学生に講義している内容を話していただきました。

　本書は『AJ聴解』シリーズ同様、本センターの聴解教材作成プロジェクト（坂本惠、菅長理恵、中村彰、藤村知子）によって企画され、同じく、eラーニング教材作成プロジェクト（藤村知子）と共同で作られた「ミニ講義教材」をもとにしています。「ミニ講義教材」は2007年から3年にわたって作成され、本センター内の授業で使われました。『AJ聴解』シリーズの完結後2015年に新たに「ミニ講義教材作成プロジェクト」（坂本惠（統括）、藤村知子（企画）、伊達宏子（校閲））が結成され、新たに講義を撮影し、教材化しました。教材作成、執筆は坂本惠、寅丸真澄、松田みゆき、山田しげみが担当しました。

　本書を作成するにあたり、たくさんの方々にご協力いただきました。講義を提供してくださり、教材作成に協力してくださった先生方、撮影と資料作成、そしてその後の細かい注文に応じた編集をしてくださった株式会社むげん企画の加藤愛さん、企画、原稿チェックなどを含め編集作業をしてくださったスリーエーネットワークの佐野智子さん、田中綾子さん、皆さんに大変お世話になったことを感謝致します。

　この教材を大学の講義への入門、日本語が織りなすアカデミックな、知の世界への一歩にしていただければ幸いです。

東京外国語大学
留学生日本語教育センター

目次

はじめに
学習者の皆さんへ 5
教師用の手引き 8

第1部
講義を聞くということ 18

第2部

第1課　枕草子 28
　　　　坂東実子（東京外国語大学留学生日本語教育センター非常勤講師）

第2課　巡回セールスマン問題 34
　　　　甕隆博（東京外国語大学大学院国際日本学研究院准教授）

第3課　「思う」という言葉 ── 「〜と思う」と「〜と思っている」── 40

第4課　「子どもを産まない」という行動がなぜ進化したか？
　　　　── ハチの社会性の進化 ── 46
　　　　片田真一（東京家政大学家政学部環境学科講師）

第5課　外国人児童生徒と日本語教育 54
　　　　伊東祐郎（東京外国語大学大学院国際日本学研究院教授）

第6課　量子の世界 ── 不思議な二重性 ── 60
　　　　手束文子（国際基督教大学リベラルアーツ学科特任講師・東京外国語大学留学生日本語教育センター非常勤講師）

第7課　日本は「国土が狭くて人口が多い」という神話 66
　　　　春名展生（東京外国語大学大学院国際日本学研究院准教授）

第8課　文化を読み解く ── ホフステードの研究から「不確実性の回避」── 74
　　　　小松由美（東京外国語大学大学院国際日本学研究院准教授）

第9課　食料自給率から見た日本の食生活の変化 80
　　　　野本京子（東京外国語大学名誉教授）

第10課　「文化権」── 人権のシンデレラ ── 88
　　　　谷和明（東京外国語大学名誉教授）

第3部

解説、ノート例 96

別冊　　スクリプト、内容確認問題の解答（例）

学習者の皆さんへ

　この教材は、大学での講義をまだ聞いたことがない、あるいは聞いてもよくわからないという人が講義を聞く練習をするためのものです。または、大学での講義に興味がある、専門的な話を聞いてみたいという人のためのものでもあります。大学の講義は先生が一方的に話しているので難しいと思う人もいるかもしれません。配られた資料や投影されたスライドを見ながら聞くのが難しいと思う人もいるでしょう。

　この教材では資料やスライド、または先生の板書を見ながら、一つのトピックに絞った短い講義を聞きます。手順としてはまず、聞く前にそのテーマに関係のある問題を考えることで、講義を聞く準備をします。実際に講義を聞くときにはノートやメモを取りながら聞いてください。資料に書き込むこともできます。聞いたあとは、内容が理解できたかどうかを問題で確認してください。その内容に興味を持った人はさらに進んだ学習をしたり、先生の紹介した参考文献を読んでみたりするのもいいでしょう。最後にスクリプトを見ながら先生の話を確認します。ノートの例もありますので、自分でまとめたノートと比べてみるといいでしょう。

　なお、この教材の中ではだいたいやさしいものから難しいものへと順番に並んでいますが、興味のある分野やテーマがあったら、その講義から聞いてみてもいいと思います。講義を聞く練習としてでなく、ただ興味のある内容を聞いて楽しむだけでもいいのです。おもしろそうだと思った講義から聞いてみてください。そして、あまり興味がないという講義でも、聞いてみると新しい発見があるかもしれません。頭を柔らかくして、新しい知の世界を楽しんでください。

　講義をしてくださる先生方は長年留学生を対象に講義をしてきた方々です。難しいことも工夫して、聞く人が興味が持てるようにお話しくださっています。この教材で、大学の先生の講義を楽しんでください。

使い方

第1部
講義を聞くということ

　講義とはどのようなものか、どのようにして聞くのか、また、ノートをどのように作っていくのかについて、説明があります。

第2部

1 講義の紹介、講義する先生の紹介

はじめに読んでください。どんな分野の話か、どんな先生なのかがわかります。

2 A 講義を聞く前に

問題を考えてください。講義を聞いて答えがわかるものもあります。内容を想像して、推測しながら聞く準備をしてください。

3 B 講義を聞きましょう（配付資料）

講義を聞いてください。資料がある場合は、聞く前に資料を読んでください。難しい言葉を調べておくこともできます。それから資料を見ながら聞いてください。聞くときに、キーワードが資料の中に出てくることがあります。また、聞いてわからない言葉も資料の中にあることが多いので、注意して見ながら、講義を聞いてください。スライドがある場合は、先生の話と関係がありますから、今出ているスライドをよく見て、先生の話を聞くとわかりやすくなります。余裕のある人は聞きながらメモを取ってください。聞くことが難しいと思った人は、1回目はまず聞くことに集中し、2回目に、聞きながらメモを取りましょう。そのあと、取ったメモをもとに内容を整理してノートを作ってみてください。

講義の映像は、パソコン、タブレット、スマートフォン等で、https://www.3anet.co.jp/np/resrcs/408640/ から、ストリーミング再生で見ることができます。通信状態がいいネットワークを使って再生してください。また、通信費がかかる場合があります。

4 C 内容確認問題

問題を解いてみましょう。よくわからないと思ったらもう一度講義を聞いてみましょう。答えは別冊にあります。できたかどうか確認しましょう。

5 D 発展学習、先生からのメッセージ

講義の内容に興味を持った人は「D 発展学習」について調べてみる、あるいは、「先生からのメッセージ」や「さらに学びたい方のために」で紹介されている本を読んでみましょう。

第3部
解説、ノート例

どんな種類の講義だったかを講義の解説を読んで確認します。講義を聞きながら取ったメモをもとに整理して作ったノートをノート例と比べてみてください。書き方の参考になるでしょう。

別冊
1 スクリプト

講義が難しかった、細かいところがわからなかったと思った人は、スクリプトを見ながら聞いてください。細かいところを確認すると、内容がよく理解でき、言葉や表現を覚えることができます。

2 C 内容確認問題の解答（例）

記述問題の正解は一つではありません。解答例と自分の答えの違いを確認してください。

教師用の手引き

本書の特徴

　本書は20分程度の短い講義を聞き、講義のノートを取るなどして、その内容を理解する練習をするための教材です。講義をしているのは実際に大学で講義を担当している先生方、特に留学生を対象に講義をしている方々で、それぞれのご専門の中からまとまった短いトピックを選んで講義をしてくださいました。ほとんどの映像は、実際の講師の先生が話していますが、一部、講師の話した内容をもとに、俳優が演じているものもあります。実際に大学で講義を聞くときにはスライドで資料や要点などが投影されたり、そのスライドをプリントアウトしたものやレジュメが資料として配付されたりすることが多いと思います。聞くときにはこれら視覚情報も使って、理解の助けにしているのです。キーワードや聞き取れない難しい言葉が配付資料などに文字情報として載っていることがあります。また、先生の表情や話し方で大切なところがわかるときもあります。本書でもそのようないろいろな情報を使って講義を聞くという練習をします。

　講義を聞くとき、全く何も知らずに聞くことは多くありません。シラバスを見ていたり、前の回の授業の続きだったり、あるいは関心を持っていることで、すでに知識があることもあります。この教材では聞く前の知識として、「講義の紹介」でその講義の位置づけなどを把握し、続いて講義をする先生の紹介を見て心構えをした上で、「講義を聞く前に」でウォーミングアップをしてから講義を聞きます。講義には配付資料を見ながら聞くものもあります。聞いたあとで、内容が理解できたかどうかの確認の問題に答えます。その後発展学習として講義の内容を発展させたタスクに取り組んだり、その講義を聞いて理解したことや考えたことを学習者同士で話し合ってもいいでしょう。さらに興味を持った人のために、参考文献も挙げてあります。最後に、講義を聞いたあとの復習として、スクリプトで内容や表現を確認することができます。また、内容に沿って取ったノートの例がありますので、自分の取ったノートと比べてみることができます。そのように練習を積んでいけば、実際の大学の講義に対応できるようになると思います。

　本書は大学の講義を聞くための前段階の準備としてこれから大学に入学する高校生、また、大学の講義を聞いてみたい一般の方々に使っていただくことも可能です。いろいろな使い方ができる教材ですので、工夫して使ってみてください。

本書で学習できること

　本書では「講義を聞いて理解する力」(「講義の聴解力」)を養成することができます。実際の講義での「講義の聴解力」は総合的なもので、「読む力」「聞く力」「書く力」が必要です。さらに聞いたあとで内容を確認したり、わからないところを質問したりする「話す力」があると、講義内容の理解、定着にも役に立ちます。

　本書では、「講義の聴解力」を下図のようにとらえています。

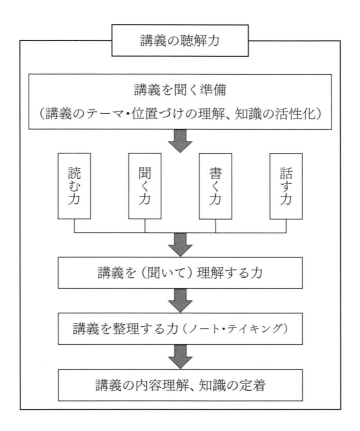

　「講義の聴解力」に必要な能力として「読む力」「聞く力」「書く力」「話す力」が挙げられますが、それぞれの能力が必要とされる講義聴解時の具体的な活動内容としては、次のページに挙げた1から9が考えられます。
　本書では、講義の流れにしたがってこれら9つの活動内容に対応したタスクを用意し、練習できるようにしました。本書を利用すれば、本書のタスクを通してこれら9つの活動を経験することができ、講義の聴解に必要とされる四技能を伸ばすことができ

ます。そして、それにより、最終的に総合的な「講義の聴解力」を向上させることができます。
(網掛けの部分は本書第2部の項目です。)

＜講義を聞くまでの準備＞
1　講義についての知識を得る。
　　　講義のテーマ・位置づけを知り、持っている知識を活性化させる。
　「講義の紹介」「講義する先生の紹介」
2　これから聞く講義についてテーマや用語を確認し、聞く姿勢を作る。
　「A　講義を聞く前に」
3　配付資料で流れを確認し、わからない言葉を確認する。
　「B　講義を聞きましょう（配付資料）」

＜講義を聞く＞
4　講義を聞く。
　　　資料を見ながら聞く。わからない言葉を推測して聞く。
　　　講義の流れ（重要な部分、まとめ、例、雑談などの違い）を意識して聞く。
　　　（資料（レジュメ、板書、スライドなど）がない場合があります。）
　「B　講義を聞きましょう（配付資料）」
5　講義を聞きながらメモを取る。
　　　構成、流れ（情報の軽重の判断を含む話の順序や展開）を意識しながらメモを取る、資料に書き込む。

＜講義を聞いたあとで＞
6　内容が理解できているかどうか確認する。
　　　（実際の講義では講義直後のコメントシートや試験、レポートで自分が理解できているか確認する。）
　「C　内容確認問題」
7　講義を聞いたあとでメモをもとに内容を整理したノートを書く。
8　聞いた講義について友達と話し合う。
9　興味を持ったことについて調べてみる。薦められた本を読む。
　「D　発展学習」「先生からのメッセージ」「さらに学びたい方のために」

本書で学習できることを具体的に示すと次のようになります。

①読む力の養成 (1, 2, 3, 4, 9)
・講義を聞く前に前提知識となるものを読む。
・講義を聞きながら配付資料、投影資料のスライドなどを読むことができる。
・話の流れに合わせて、話されている内容が資料のどの部分にあたるか理解することができる。
・講師からのメッセージや参考文献を読むことができる。

②聞く力の養成 (4, 5)
・専門的な、一つのテーマを持ったまとまりのある比較的長い(20分程度)、多様な専門分野の講義を聞いて理解することができる。
・講義をする各講師の特徴ある自然な話し方に慣れ、個人の癖が加わった日本語の聴解に挑戦できる。
・わからない言葉があっても聞き飛ばしたり、それが重要な言葉であるかどうかが判断できる。
・資料を見て参考にしながら聞くことができる。
・聞いた話の構成がわかる。

③書く力の養成 (5, 6, 7)
・講義を聞きながらメモを取ることができる。
・聞いたあとに内容が理解できたかどうかの問題に答えることができる。
・メモをもとに整理された講義ノートを作ることができる。

④話す力の養成 (8)
・講義を聞いてわかったことを友人に話したり、わからないことについて友人に聞いたりすることができる。
・講義の内容について、自分の意見を述べたり、友人と話し合ったりすることができる。

★「講義の聴解力」(総合的な力の養成)
・①〜④の力を総合して講義を聞く力が養成できる。
・講義を聞いてさらに深く考えたり、調べたり、参考文献を読むなどの発展した学習ができる。

本書の構成と使い方

第1部

　講義とはどのようなものか、どのようにして聞くのか、また、ノートをどのように取っていくのかについて、概説してあります。具体的なノートの取り方、講義の種類については『留学生のためのアカデミックジャパニーズ聴解 上級』に収録されている課を講義に見立てて解説しています。教師、また興味ある学習者に読んで理解を深めていただきたいと思います。

第2部

　教材として10本の講義があります。各課は以下のような構成になっています。

1　講義の紹介

　この講義がどのような位置づけのものか、連続した講義の一部であれば、前回までの講義でどのようなことを扱ってきたかなど、講義を聞く前に講義の内容を概観するためにあります。まずこの部分を読んで、内容に対する心構えをしてください。

2　講義する先生の紹介

　講義をしてくださる先生の紹介です。

3　A　講義を聞く前に

　講義を聞くためのウォーミングアップです。講義を聞くために必要な言葉や概念が取り上げられていることもあります。本書では講義で使われる難しい言葉を特に事前に学習するということはありません。また、講義のキーワードを前もって説明もしていません。実際の講義を聞くときのように、難しい言葉、わからない言葉があったときどう対処するのかも練習の一部ですし、聞いている中でキーワードを自分で見つけられるようになってほしいと思います。ですから、ここでは講義で扱うことについての予告をして、事前に考えておくと理解しやすくなるようなことを紹介しています。問題の形式になっていますが、答えのあるものだけでなく、講義の中でその答えが示されているものが多くなっています。

　学習者によっては事前に難しい語彙を手当てしておく方がいい場合もあると思います。必要な場合は、語彙や表現を手当てしてください。

4　B　講義を聞きましょう（配付資料）

　講義を聞きます。講義を聞くときに配付される資料を掲載しています。資料を見ながら聞かせてください。メモ、ノートを取ったり、資料に書き込んだりすることも可能です。

　講義の映像は、パソコン、タブレット、スマートフォン等で、https://www.3anet.co.jp/np/resrcs/408640/から、ストリーミング再生で見ることができます。通信状態が良好なネットワークを使って操作してください。また、ご利用の環境によっては、通信費が発生します。

5　C　内容確認問題

　講義の内容が理解できたかどうかを見る問題です。解答は別冊にあります。答え方は一つではないものが多いです。書いて答える問題は、文法や漢字の間違いを重視せず、内容が理解できていればよしとしてください。

・確認しておきたいことば

　講義に出てくる、聞いただけではわかりにくい言葉を挙げておきました。必要な場合は意味を調べさせてください。実際に講義を聞くときと同じように、このような語彙リストを最初に提示せず、どうしてもわからない、自分では辞書も引けないという場合に参考にさせるという使い方を想定しています。学習者のレベルによっては最初に提示することも可能です。学習者に合わせてお使いください。

・追加解説

　3課、4課、7課には追加解説があります。

6　D　発展学習、先生からのメッセージ

　講義の内容に興味を持った学習者向けの発展学習のための問題です。

・先生からのメッセージ

　講師の先生から聞いている人たちに向けてのメッセージです。

・さらに学びたい方のために

　講師の先生が参考になる本を紹介しています。

第3部

課ごとに、解説とノート例をまとめてあります。

1 解説

どのようなタイプで何を目的とした講義かについて解説しています。「講義の特徴」「論証の方法」「資料」「ノートのために」という4つの項目に分けて書いてあります。講義といってもいろいろなタイプがあることがわかると思います。

2 ノート例

各講義のまとめのノート例です。

別冊

1 スクリプト

細かい部分など、聞き取れなかったところを確認してください。実際の講義に近い形となっていますので、言い間違い、言い直したところ、つながりが悪いところなどもあります。言い間違い、言葉が足りないと思われるところは（　）に正しいと思われるものを書いておきました。

2 C 内容確認問題の解答（例）

解答例を参考に、学習者の解答が正しいかどうか、教師が適宜判断してください。記述問題の解答はここに挙げているものが、唯一の答えではありません。

本書を使った授業例

上級レベルの学生を対象とする場合

① 「講義の紹介」「講義する先生の紹介」で、どのような講義かを考える。
② 「A　講義を聞く前に」に答えることで、講義を聞く準備をする。
　　必要なら、この時点で難しい言葉、聞き取りにくい言葉の手当てをする。
③ メモを取りながら講義を聞く。
④ 講義の内容や流れを確認する。難しい言葉を確認する。
　　だいたい理解できているようなら、すぐに「C　内容確認問題」をする。
　　理解が難しいようであれば、最初からもう一度、途中で止めながら、少しずつ聞く。
　　そのあとで「C　内容確認問題」をする。
⑤ 問題の答え合わせをする。

以上で90分の授業が終わると思います。先生からのメッセージと文献を確認して終わります。まとめのノート、あるいは要約等を宿題にすることもできます。発展学習を宿題にしてもいいでしょう。

　一つの課に2コマを使う場合の2コマ目の授業は次のようになります。
⑥　メモを見ながら、話の流れ、キーワード、見出しの言葉などを確認する。
⑦　最初からもう一度メモを取りながら聞く。
⑧　要約、あるいはまとめのノートを作る。グループ作業にすることもできる。
　　教師ができた人からチェックしたり、グループで確認するなどして、よくできたものをクラス全体で共有する。
⑨　時間があったらスクリプトを見ながらもう一度聞く。
⑩　講義の内容についてクラスでディスカッションする。

中級レベルの学生を対象とする場合
　中級レベルで使うことも可能です。この場合、最初に難しいと思われる語彙を教師が事前に拾い出して確認するとよいでしょう。だいたいの内容がわかればよしとし、細かいところは聞き飛ばす練習として使ってもいいと思います。2回目に少しずつ止めて、内容や言葉を確認しながら聞くと、だいたいの理解はできると思いますので、そのあとに「C　内容確認問題」をします。あとでノート例を配付して、細かいところの確認をしてください。

第 1 部

講義を聞くということ

1　講義とはどのようなものか

　大学では、その分野の専門家が専門的なテーマについて話をする「講義」が教育の中心となっています。講義の形式としては、受講生が途中で質問する場合もありますが、専門家である講師がほぼ一方的に話すという形が一般的です。大学の授業には、受講生も発表したり意見を言ったりするゼミ形式のものもありますが、講義形式の方が多いと言えます。

　では、講義とはどのようなものでしょうか。そして、どのような目的意識をもって講義を聞くべきでしょうか。

　講義を聞くことの第一の目的は、学習するための「知識」を得ることです。学習を進めていくためには、その分野の知識は欠かせません。また、考えるための背景となる知識を学ぶことも必要です。講義では、これらのことについて、新しい考え方やこれまで起こったこと、さらに今後予想されることなど、いろいろな種類の知識を学ぶことが中心となります。歴史のように過去に起こった事実を知識として学ぶことが重要な分野もあります。

　そのほかに大事な目的として、新しい考え方を示すとき、何かの裏付けや証拠となるものを示す方法を学ぶことがあります。つまり、「どのようにしてその新しい考え方が生まれたのか」や「どのような証拠や考え方によってその正しさが証明できるのか」など、ただの感想ではなく、それが正しいことを証明する「論証」の方法を知ることです。論証の方法、手段としては、理系であれば、観察、調査、実験、また、実際に計算したり、測ってみたりすることもあるでしょう。文系でも観察、文献や統計の調査に加え、実際に聞き取りやアンケートなどによる調査を行うなどの方法が考えられます。それらの資料をもとに、どのように考えていったらその結論に至るのか考察を進めます。また、事実を説明するために適当な例を挙げたり、具体的なものから抽象的な考え方に一般化したりするための考え方のポイントや、理系であれば観察や実験の方法、その記述の仕方などの研究の方法、技術について学ぶこともあります。研究に必要な技術は分野によっても違ってきますし、研究方法もいろいろあります。

　また、初学者向けに、これまでの膨大な研究結果やその分野では常識となっているような基本的な知識を教授することも重要な講義の目的の一つです。最新の研究結果を紹介するだけでなく、重要な学説や考え方の紹介をする場合も多いのです。特に「概論」「入門」などという名前がついた講義はこのタイプが多いです。最新の研究成果を

紹介するためにも、今わかっていること、わからないことを最初に整理しておくことがあります。専門用語、専門的な新しい概念の解説もあります。

以上、講義とは、簡単にまとめると、知識（考え方）とその論証方法や研究方法、そのための技術を伝えるものだと言えるでしょう。

講義の最後に、講師はそれまで話した知識や方法についてまとめたり、そこから導かれる結論について紹介したりします。さらに、講師はその講義で話した内容に対する自身の考えや気持ちを受講生に伝えようとすることがあります。はっきり言葉で伝えられないものもあり、聞いている人が考えなければならないこともあります。場合によってはそれが一番印象深いということもあるかもしれません。

理想的な講義とはどのようなものかを以下にまとめてみました。もちろん、実際の講義はこの通りではないことが多いですし、以下のすべてが揃っているわけではなく、一部だけかもしれませんが、講師は講義をする際、このような観点で組み立てていることを知ってください。

① 講義のテーマ（問い）が一貫性をもって提示され、それが講義後に解決されているか。
② テーマ（問い）を解決するための必要十分な要素が取り上げられているか。
③ ②が論理的に、既知情報から未知情報へと適切に提示されているか。
④ 語られるエピソードや学説等の因果関係が明らかであり、全体として整合性があるか。
⑤ 多くの聞き手が理解できる言語表現が使われているか。特に専門用語は文脈から、あるいは簡単な説明によって理解できるようになっているか。
⑥ 講義内容が今後の聞き手の興味をひき、今後の学習や研究、思考や生活に役立つか。

①④は講義自体の一貫性、論理性、完結性の問題、②③⑤は聞き手の前提知識や教養等に対する配慮、⑥は汎用性の問題にかかわる観点です。

実際の講義は、多くの大学で、1回が90分と長いものですし、1回で話すテーマが二つ以上のこともあれば、一つのテーマが1回では終わらずに何回かに分けて話すこともあります。必要な知識を伝授するために、内容をまとめたり、確認したりすることもあります。また、「脱線」といって、本題とはあまり関係ない話をすることもあります。その中には人生の深い話があったりして、むしろそちらの方が記憶に残ることもあるようですが、講師が本題に戻るタイミングを逃さないように気をつけましょう。

2 どのように講義を聞くか

2.1 講義を聞くときに

講義では大量の知識が伝えられます。同時にその論証の方法も伝えられます。これらを理解し、理解したことを自分自身の知識として活用できるようにならなければなりません。そのためには、知識を整理して覚えることが必要です。日本の大学の授業は、多くの場合15回分の講義があり、そのあとで、内容が理解できているかについて、試験をしたり、レポートを書かせたりして確認します。その結果、成績がつき、その成績が基準を超えて、初めて「単位を取得した」ことになるのです。きちんと理解できていなければその講義を受けたことにはなりません。

知識を覚えて理解するためには、講義で聞いた内容を書き取るしかありません。講義によっては教科書や参考書が指定されていることも多いですが、講義で話される内容と教科書や参考書の内容が全く同じとは限らないので、教科書だけを参考にして学習することはできません。さらに、講義では、教科書にあることを詳しくわかりやすく話すこともよくあります。

講義を理解し、記憶するためには、重要な部分を考え、キーワードを捉えて書く必要があります。また、大事なことは単語ではなく、文で示されることも多いでしょう。文を短く書く方法や、それぞれの用語や説明の関係を記号で表す方法も身につけると、より早く正確に聞いた内容を書き取れるようになるでしょう。

2.2 メモとノート

「ノート」にはいくつかの意味、使い方があります。一般的には講義を聞いているときに、自分のノート（これは紙のノートのことです）に、講義で聞いたことや先生が板書したことなどを書いていくことを「ノートを取る」と言います。しかし、聞いたことをそのまま書いていくと、全体像がわからないまま書くことになるため、それぞれの話の関連性がわからなくなる場合もあります。雑談だと思っていたら重要な話の導入だったということもありますし、逆に大切な話かと思っていたら、実際は雑談、脱線だったということもあるでしょう。先生が話すのを忘れていて、思い出してあとから話をつけ加えることもあります。聞き取れなかった言葉もあると思います。この場合の「ノート」は完全ではない、不十分なものだと言えます。

講義をきちんと理解するためには、聞いた内容をあとで振り返り、その場で取った「ノート」を見て、あるいは参考文献や教科書、配付資料なども参考にして講義の内容をまとめることが必要になります。全体像がわかってから書くのですから、話の順序、

論の構成に沿ってきちんとまとめていけばいいのです。この、あとで要点をまとめたものも「ノート」と呼ばれます。ここではこの二つを区別するために、授業中に講義を聞きながら取るものを「メモ」、あとで構成を考えてまとめたものを「ノート」と呼ぶことにします。

2.3　ノートのまとめ方

　具体的なまとめ方ですが、『留学生のためのアカデミック・ジャパニーズ　聴解　中上級』『同　上級』で示してきたような「構成表」を作る技術が参考になると思います。話の順序を考え、構成を考えながらノートを書いていきましょう。「まとめの言葉」、書き言葉であれば「小見出し」などということもありますが、その話をまとめた「看板」のような言葉や短い文でまとめて、話のまとまりを考えていきます。まとめの言葉は講師の話の中に出てこないこともあるので、その場合は、自分で適当なまとめを作らなければなりません。そして、一つの話が前に聞いた話のどれと同じレベルの話になっているかわかるように、「１２３」「(1)(2)(3)」「①②③」「ａｂｃ」など、同じ種類の番号や記号を振っておくと、構成がわかりやすくなります。このように構成を考えて番号を振ることを「章立て」と言います。ノートをまとめるときにこのような構成を考えながらまとめましょう。

　全体の構成を理解するためのまとめとして構成表は意味があります。一方で講義では個々の事実、年代や人名、固有名詞などを知識として学ぶことも必要です。これらのことは日常生活の中の話としてはあまり重要でなくても、例えば新聞の記事中で述べられる場合はいつどこでだれが、という具体的な事実が大切になります。同様に、学問の世界でも根拠をもって語るためには具体的な事実がとても重要で、それらを覚えておくことが必要になります。ですから、自分でまとめる「ノート」には覚えておかなければならない重要な事実、知識もきちんと書き込んでおきましょう。

　ノートにまとめるときにはいくつかの技術を用います。例えば、質問の答えを書くときやスライドに書くときは、名詞で止めたり、助詞を省いたりすることも多いです。また、原因、結果などを示しているということやこの部分を説明しているということがわかるように矢印などの記号もよく使われます。

　ノートのまとめ方は人によって異なり、聞いたことをなるべくたくさん書いたり、記号や図をたくさん使ったりと、さまざまです。その人なりの方法があるといってもいいでしょう。人によって方法が違い、いろいろな方法があると思いますが、ここでは一つの例を示します。これを参考にして自分のノートのまとめ方を工夫してください。

ノートの記号例
- ： 「AはBである／AというのはBのことである」などの定義や説明
  A：Bで示す。Bもなるべく短い形で
- → 「Aの結果Bになった／AのがBに来た」などの因果関係を示す
  「その結果次のようなことになった」など最後の結論を導く
  A → B
- ← 「Aの原因がBである／Bが起こったからその結果Aが発生した」など
  A ← B
- ＋ 「加えて」
- （　） 「説明を加える」

2.4　講義を聞きながら取るメモ

　ノートをまとめるときは日本語で書いた方がいいと思いますが、メモは自分の母語で書いてもいいと思います。短い時間で話を聞きながら書くので、自分で記号などを決めておくといいでしょう。講義で配付される資料も活用することができます。配付資料に、聞いたこと、わかったことを直接書き込んでいきます。最近の講義はスライド（プレゼンテーションソフト）を使うものも多く、そのスライドを印刷したものが配付資料になっていることがあります。また、話の内容を章立てしたアウトラインなどが配付されることもあります。（このような資料を「レジュメ」「ハンドアウト」ということがあります。）配付資料には重要な用語や説明が書かれていることが多いので、資料を見ながら聞くことは、理解の助けになります。聞いただけではわからない言葉は資料の中で見つけて意味を考えて聞きましょう。聞いただけではどのような意味かわからなくても、資料の中で漢字で書かれているのを見れば意味がわかることがあります。重要なところに下線を引いたり、マーカーで印を付けたりするのもよいでしょう。どのようにするかは自分で工夫してみてください。自分のメモを書き込んだ配付資料をもとにノートをまとめると、整理されたよいノートができるでしょう。

2.5　その他の注意

　『留学生のためのアカデミック・ジャパニーズ聴解』で扱った話はいわば短いスピーチのようなもので、「はじめに、本題、おわりに」という構成がはっきりしているものが多いため、構成表が作りやすいのですが、実際の講義はまとまった話にならないことも多く、1コマの授業でいくつかのテーマに分かれたり、逆に一つの話が授業内で終わらないこともあります。講義を理解するために構成表を意識して作ってみることは大事ですが、実際の授業では構成表が作れないものが多いことも理解してください。

もう一つ大切なことは予習をすることです。予習は講義を聞いて理解する上での大きな助けになります。講義を聞く前に教科書の該当部分を読んでおく、わからないことがあったら調べておく、などをすると講義を聞くことが楽になるでしょう。

3　講義の実際

　以下では、実際の講義に近いものをいくつか取り上げ、講義のタイプとともに、まとめのノートをどのように作っていったらよいかを見ていきましょう。例として、『留学生のためのアカデミック・ジャパニーズ聴解　上級』の文章を一つの講義と考えて分析してみます。

例1：第12課　ガラスの天井

1　解説

1 講義の特徴　「新しい概念の提示、説明、なぜそうなるのかについての原因究明」。身近な問題やある現象について、それらを象徴する言葉を与えることによって、新しい概念を意識化させる。
　ここでは、女性の社会的な進出、昇進を阻む見えない障壁があることを「ガラスの天井」と名付けることによってイメージしやすくし、意識化させている。次に、なぜこのようなものが存在するのかについて、二つの実験によって、検証する。一つ目の実験によって、男女の意識の差が原因で「ガラスの天井」が実現するという説を、二つ目の実験によって、その意識の差は性別役割分担の意識から来ているという説を紹介し、これらの説によって、「ガラスの天井」という現象がどのようなもので、何が原因となっているかを考察する。最後に仕事に求められる能力は性別に無関係で、女性が昇進競争を避けるのは社会的な損失だ、というメッセージを伝えている。

2 論証の方法　実験による説の紹介。

2　ノート例

```
1 「ガラスの天井」＝「見えない障壁」
   アメリカで「女性のトップへの昇進を阻む障壁」　管理職40％（日本では10％）
      訓練投資（教育費用）は長く勤める男性に集中
```

```
  2  原因についての考え方
 男女差の昇進格差は昇進競争に参加することを嫌う程度が男女で異なる
 実験：ニーダールとヴェスターランド
      計算問題　出来高払いか競争的報酬体系（1番の人がたくさんもらう）か
           自分の成績を予測させる－自信過剰かどうか
      結果：男性は競争を好み、自信過剰の傾向
   →昇進競争は男性に有利
  3  別の考え方
 実験：オーストラリアのブース教授
      共学と女子校の中学生　同様の実験
      出来高払いか競争的報酬体系（1番の人がたくさんもらう）か選ばせる
      結果：女子校の生徒　競争的報酬体系を選ぶ傾向
   →共学の女子生徒は性別役割分担の意識
  4  二つの実験からの結論
      女性は男性より競争が好きではない　生まれつき？
           性別役割分担の意識も影響
  5  まとめ　メッセージ
 これから必要になる仕事は性別に無関係
 優秀な女性が管理職に昇進した方がいいのではないか
 女性が昇進競争を避けるのは社会的損失
```

例2：第6課　バイオミミクリ

1　解　説

1 講義の特徴　新しい概念を提示するという意味では例1の第12課「ガラスの天井」と同じだが、科学的な内容であることもあり、説や実験などで論証するというより、たくさんの具体例を分類して提示することで、少しわかりにくい概念を説明し、それが意味するもの、今後の発展や可能性について紹介するものとなっている。

2 論証の方法　事実、分類による紹介

3 資料　スライドを印刷した配付資料

4 メモのために 配付資料に重要なことが書かれているので、そこに補足の書き込みをしていった方が、効率よく講義の内容を書き取ることができる。スライドでは講義の構成を示す番号や見出しもついているので、それも講義を理解する手がかりとなる。重要だと思ったところにマーカーで印をつけておくのもよい。

2 メモ例

❶
バイオミミクリ
－生物に学ぶ技術－

❷
生物は想像を絶するような知恵を持っている
例：カタツムリ　殻 ← 洗剤なしに汚れを落とす
セコイア → 根から機械なしに水をくみ上げる
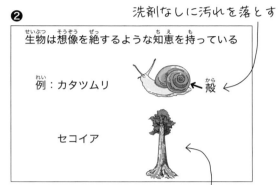

❸
生物が私たちの探求心を刺激
例
・クモの糸　鉄の10倍強い
　どうやって強い繊維が作れるのか → 研究中
・シロアリの塚　内部の温度や湿度が一定
　→ 建物や住宅に応用

❹
バイオミミクリ
定義：　生物に学び、模倣する技術　　まねをする
特徴：　①自然 → 人間社会の問題解決
　　　　②環境負荷の軽減
　　　　よくない影響
デザインプロセス
→ヒント、モデル
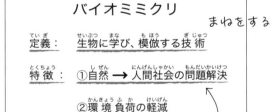

❺
4つのカテゴリー
①動きに学ぶ
②形態・構造に学ぶ
③化学プロセスに学ぶ
④生態系に学ぶ

❻
①動きに学ぶ
例　マグロ　　効率よく泳ぐ
　　↓　　　　尾びれ
潮力発電
↑
海の流れによる発電
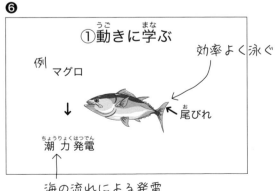

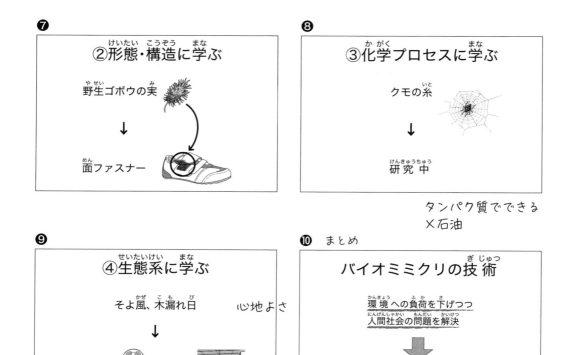

まとめ

　講義を聞くときには、先生の話の中で重要だと思ったこと、先生が板書したことなどを自分の（紙の）ノートに書いていきます（＝メモ）。配付資料がある場合には先生の補足説明や例など、書かれていないことをそこに書き込んでいきます。自分で考えたこと、理解したことを書いていってもいいでしょう。

　全体の構造を理解するためには「構成表」を作ってみるとわかりやすくなります。そのあとで、全体の構造を意識しながら、章立てをした自分なりのまとめの「ノート」を作ると理解しやすくなります。試験のためなどに覚えておく必要のあることを書いたり、自分で考えたことを何か別の記号をつけるなどして書いておくこともできます。これらを参考文献などで補足し、ノートをまとめることで、講義で得た知識、方法が身についていくと言えます。つまり、ただ漫然と講義を聞くのではなく、大事な点についてきちんとメモを取りながら聞いて、さらにあとで、講義の構成を考えながらノートにまとめ直して初めて、講義を聞いた、知識が得られたと言えるのだと思います。

第 2 部

第1課

枕草子

講義の紹介

　平安時代（794〜1185年）は日本の時代区分の一つで、今から1000年も前の時代です。しかし、当時使っていた日本語は、現代の日本語を知っている人なら、少し説明をしてもらえば、そのまま読んで楽しむことができます。

　この時代には、仮名文字の発達も影響して、自由に日本語を書き表すことができるようになりました。日記や随筆も多く残っています。それらには、実在した人物の詳細な記録が書かれていて、読むと、まるでノンフィクション小説のように、1000年前の人間模様を覗き見ている気分になります。

　1000年前も今も、人間の感じること、考えることに大きな違いはありません。高貴な人々も、今の我々と同じ人間だということが分かり、大変興味深いです。

講義する先生の紹介

坂東実子（ばんどうじつこ）　東京外国語大学で、日本文学を10年以上教えています。授業には、留学生と日本人学生が一緒に意見を交換しながら参加しています。東京外国語大学で教える以前には、バンコク（タイ）のタマサート大学で日本語や日本文化、日本文学を教えていました。読書が大好きで、文学作品の他、ライトノベル、漫画などもよく読んでいます。

 **講義を聞く前に**

（1）西暦（AD）1000年ごろ、あなたの国はどのような時代でしたか。

[　　　　　　　　　　　　　　　　　　　　　　　　　　　　　　　　　　]

（2）日本の平安時代について、どんなことを知っていますか。

[　　　　　　　　　　　　　　　　　　　　　　　　　　　　　　　　　　]

（3）この講義では、平安時代の「随筆」についてお話しします。
　　ふだん、随筆（エッセイ）を読むことがありますか。好きな随筆家（エッセイスト）や、ブログやコラムなどで日々感じたことを発信している人を挙げてください。
　　どんな話題の随筆やブログ、コラムが好きですか。

[　　　　　　　　　　　　　　　　　　　　　　　　　　　　　　　　　　]

（4）この講義では、特に季節についての随筆をご紹介します。講義を聞く前に、あなたの持っている季節のイメージを確認しておきましょう。「春」というとまず何をイメージしますか。「夏」「秋」「冬」についても考えてみましょう。
　　上記の四季以外に、どんな季節の区分を感じますか。（「梅雨」「雨季」「乾季」「モンスーン季」など）その時期、一番印象的なことはどんなことですか。
　　例）春のイメージは桜色です。暖かくなって桜の花が咲くのと同時に新しい生活が始まります。
　　　夏はとても暑くて、夕方になるとたいていスコールが降ります。傘が無くて学校帰りによく濡れて帰りました。

[　　　　　　　　　　　　　　　　　　　　　　　　　　　　　　　　　　]

解答例：
（2）都は「平安京」（現在の京都）／約400年続いた／奈良時代と鎌倉時代の間／天皇と貴族が政治の実権を持っていた／国風文化（仮名文字、和歌、女流文学、十二単など）が栄えた　など。

B 講義を聞きましょう

〈配付資料〉

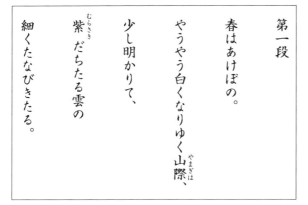

資料1:『枕草子』第一段

第一段

春はあけぼの。
やうやう白くなりゆく山際、
少し明かりて、
紫だちたる雲の
細くたなびきたる。

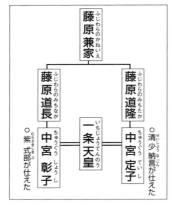

資料2:藤原氏系図

藤原兼家
├ 藤原道長 ─ 中宮彰子 ─ 一条天皇 ─ 中宮定子 ─ 藤原道隆
  ○紫式部が仕えた   ○清少納言が仕えた

清少納言『枕草子』(1001年頃)
随筆。「をかし」の文学と評される。
興味がひかれておもしろい。

紫式部『源氏物語』(1008年頃)
物語。「あはれ」の文学と評される。
しみじみした情感・感動。

資料3:平安時代の女性による代表的な
文学作品(『枕草子』・『源氏物語』)

 内容確認問題

(1) 講義の内容と合っているものに○、違うものに×を書きなさい。

1 (　)『枕草子』は西暦1500年ごろに書かれた。
2 (　)『枕草子』は清少納言という男性が書いた随筆である。
3 (　) 清少納言は中宮定子に仕えた。
4 (　) 春と言えば、当時の美意識では「梅」のイメージが多かった。
5 (　) 清少納言は、「冬」にすばらしいのは「早朝」だと言っている。

(2) ☐ の中の言葉から適当な言葉を選んで、次の二人について説明しなさい。

| 藤原道長、随筆、をかし、源氏物語、あはれ、藤原道隆、定子、彰子、枕草子、物語 |

1　清少納言は、_____

_____

2　紫式部は、_____

_____

(3) 当時の権力者が自分の娘の教育に熱心だったのはどうしてか、説明しなさい。

(4) 当時の美意識から見た、「春はあけぼの」の新しさについて説明しなさい。

D 発展学習

　身の回りのどんな物事から季節を感じるか思い出し、「現代の清少納言」になったつもりで、季節の随筆を書いてみましょう。

〈参考〉

現代の季節感　—「苺」は冬の味？—

　日本には四季がある。季節が変わる少し前から、店には季節の商品が並ぶ。文房具屋では、季節感のある色とりどりの便箋が売られている。コンビニエンスストアでいつも売っているチョコレートやクッキーなどは、春は「桜」、夏は「スイカ」、秋は「栗」、冬は「苺」などの季節の味が登場する。

　苺が採れるのは春のはずなのに、なぜ「苺」が冬の味なのだろう。調べてみたら、苺はクリスマスに一番売れるので、ビニールハウスでたくさん栽培されるからだそうだ。

　これも新しい季節感なのだろう。

先生からのメッセージ

坂東実子

　「春はあけぼの」を読んで、清少納言の感性や、平安時代の季節感、言葉の意味などいろいろ味わいましたね。「春はあけぼの」という一言で、「春と言えば夜明け前のほのかに明るくなる様子がすばらしい」という意味を表します。このように、もとの文章を現代の日本語や外国語に翻訳しようとすると、言葉の量がものすごく増えてしまいます。それは、文字で書かれていない行間や余白に豊かな意味が含まれているからなのです。古文にはそれらを感じながら味わう楽しさもたくさんあります。

　また、現代の小説や漫画などにも古文の知識をふまえているものがたくさんあって、知っているともっと楽しめます。これからも古文を楽しんで、より深く「日本」を学んでください。

さらに学びたい方のために

▶ 池田亀鑑（著）『平安朝の生活と文学』ちくま学芸文庫、筑摩書房、2012年
平安時代の宮中の生活が図解されています。『枕草子』についての解説も多く、文庫本なので手に取りやすいです。

▶ 室伏信助 ほか（編）『有職故実日本の古典』角川小辞典 17、角川書店、1978年
図がたくさん入った辞典です。古典に登場する事物の名前で引いて、詳しい説明を見ることが出来ます。

▶ 青木五郎 ほか（監）『クリアカラー国語便覧』数研出版、2013年
日本の高校で参考資料として使われているものです。地図や人物関係図などとても見やすく、カラフルで楽しいです。

第2課

巡回セールスマン問題

講義の紹介

　小型の無人飛行機（ドローン）を使った宅配サービスの実用化に向けて、現在、いろいろな試験が行われています。これが実用化されれば、利便性の向上とコスト削減につながると言われています。コスト削減のためには、複数の荷物をどの順番に配達するかが重要です。ドローンの飛行距離を最短にすることが、動力源の消費量を抑えることにつながるからです。

　例えば、ドローンの基地から三つの場所に荷物を届けて、元の基地に戻るとしましょう。3か所ぐらいであれば、地図上にその地点を書いてみれば、最短のルートはだいたいわかりそうです。しかし、荷物の数が多くなるとどうでしょうか。たいへん複雑な問題になることが予想できます。では、この最短ルートを求める問題を計算が得意なコンピュータにやらせたらと考える人もいると思います。

　実はこの問題は、本講義のタイトルとなっている「巡回セールスマン問題」として知られているたいへん有名な数学の問題です。日常から生まれた小さな疑問が、どのように数学的問題となっていくのでしょうか。中学校で習った数学を思い出しながら、講義を聞いてください。

講義する先生の紹介

甕　隆博（もたい　たかひろ）東京外国語大学で主に留学生に数学を教えています。様々な地域の留学生がいますが、留学生が自国で勉強してきた数学の記号や内容はだいたい同じなので、他の分野と比べると教えやすいと思います。専門は、微分・積分学の微分方程式の分野です。微分方程式の解の存在や性質の研究をしています。趣味は美術館に行くことです。色彩と構図の美しさは数学と共通するように感じます。特に、フェルメールが好きで、日本で開催される展覧会には必ず行きます。

 講義を聞く前に

[問題] 次の文を読んで問題に答えてください。

> 4人の人が、順番に一列に並びます。
> その場合、並び順は何通り考えられますか。

解答：二通りの解き方を解説します。
(1) 4人をA、B、C、Dとし、Aが先頭の場合に考えられるすべてについて図を書くと以下の通りです。

```
     B < C — D
         D — C
A <  C < B — D
         D — B
     D < B — C
         C — B
```

B、C、Dが先頭の場合についても図を書いてみます。

```
     A < C — D           A < B — D           A < B — C
         D — C               D — B               C — B
B <  C < A — D       C < B < A — D       D < B < A — C
         D — A               D — A               C — A
     D < A — C           D < A — B           C < A — B
         C — A               B — A               B — A
```

4人それぞれが先頭のとき6通りずつ。　4×6 = 24　　　　　　　　　　　　　　　　答：24通り

(2) 先頭から順に考えます。まず、先頭を4人の中から1人選びます。このとき、先頭について4通り考えられます。2番目は先頭以外の3人から選ぶことになりますから、それぞれ3通り考えられます。3番目を残りの2人の中から1人選ぶと、4番目は残った1人に決まります。これを式で表すと、以下の通りです。

　　4 × 3 × 2 × 1 = 24　　　　　　　　　　　　　　　　　　　　　　　　　　　　答：24通り

＜講義を聞くのに必要な言葉＞

> 階乗（かいじょう）
> nの階乗とは、正の整数nから1までのすべての積です。
> 階乗記号！を用いて次のように書きます。
> 　　　　n！
> nから1まで、一つずつ少ない整数を順に掛け算します。これは、まるで階段のようです。また、掛け算のことを「乗算」とも言います。それで、「階乗」と言うのです。

（2）の解き方の答えは4の階乗で求められます。
　　　　4！＝4×3×2×1＝24　　答：24通り

実は（1）の解き方の答えも4の階乗で求められます。
4人がそれぞれ先頭のときに6通りとなる図をよく見て計算式にすると、次のようになります。
　　　　3×2×1＝6
この式に4を掛けて式を作ると、これも4の階乗です。
　　　　4！＝4×3×2×1＝24　　答：24通り

B 講義を聞きましょう

配付資料はありません。講義を聞きましょう。

C 内容確認問題

（1）講義の内容と合っているものに〇、違うものに×を書きなさい。

1　（　　）コンピュータは別名「電子計算機」と呼ばれる通り、どのような計算をするときにも、速さも正確さも優れている。

2　（　　）「京」は日本語の数字の単位で、「億」の次の単位である。

3　（　　）「京」は日本のスーパーコンピュータの名前で、1分間に1京の計算が出来ることから名づけられた。

4　（　　）巡回セールスマン問題は、セールスマンが営業のために都市を巡回するときの最短距離のルートを求める問題である。

（2）「巡回セールスマン問題」はなぜ現在解決できないのか、理由を述べなさい。

[

]

（3）講義では、巡回セールスマン問題を解決するための方法を、二つの方向から考えて説明しました。それぞれどんな方法か述べなさい。

[
1

2

]

D 発展学習

将来のコンピュータの可能性について考えてみましょう。
例えば、ビッグデータの利用、人工知能の発達、自動運転車の実用化、ウェアラブルコンピュータ、など。

先生からのメッセージ

甕　隆博

　数学は概念の意味を理解することが難しいという一面があります。実際に、中学・高校あたりから抽象化の度合いが高まるので、出てくる数式の意味と必然性が理解できないため（これは教え方の問題もあるのですが）、難しさを感じた人もいると思います。大学では、さらに抽象化されたものを勉強するので、難しさのレベルは増していきます。しかし、その抽象化された数学的な問題の背景には、具体的な日常の問題が隠されている場合があることを、この巡回セールスマン問題から知ってもらいたいと思います。この問題は、「組み合わせ最適化問題」として知られています。

さらに学びたい方のために

▶ 西野哲朗（著）『中国人郵便配達問題＝コンピュータサイエンス最大の難関』講談社選書メチエ、講談社、1999年

「組み合わせ最適化問題」の一般向けの解説書です。内容はちょっと難しいですが、興味のある人は、挑戦してみてください。

▶ 中垣俊之『粘菌　偉大なる単細胞が人類を救う』文春新書、文藝春秋、2014年

粘菌が「巡回セールマン問題」を解く（？）というところがおもしろいです。
著者は粘菌の研究でイグノーベル賞を2回受賞しています。

▶ 根上生也『ピジョンの誘惑　論理力を鍛える70の扉』日本評論社、2015年

「鳩ノ巣原理」（鳩が10羽いて鳩の巣が9個しかない場合、もし空の巣がなければ、2羽の鳩は同じ巣に入る）という簡単な論理を使って、解けそうもない複雑な問題を解くことができることを、様々な問題を通して実感できます。

第3課

「思う」という言葉
——「～と思う」と「～と思っている」——

講義の紹介

　私たちが日常よく使っている「思う」と「思っている」はどのように使い分けられているのでしょうか。みなさんは疑問を持ったことはありませんか。「私の弟も日本に来たいと言っています。来年の春日本に来ると思います」の「思います」は私が思うの？ 弟が思うの？ 「すしを初めて食べました。おいしいと思っています」あれ、ちょっと変ですね。でも、今思うのだから今のことを表す「ています」を使って「思っています」でいいですよね？

　このような疑問を持った人はいませんか。変だけど説明できない、と思った人や、どうして変なのかがわからないと思った人もいると思います。子どものときから日本語を使っている人と日本語を外国語として勉強している人では感じ方が違います。日本語を教えている先生たちは毎日このような疑問にぶつかり、そしてそれを説明しているのです。どうやって説明するのか、一つの例を見てみましょう。

　なお、「思う」は実際にはいろいろな形で使われています。ここでの説明はその一部であることをお断りしておきます。

この講義について

　この講義は東京外国語大学留学生日本語教育センターで長く留学生に日本語を教えてこられた横田淳子先生の講義をもとにしています。先生の講義の内容を、現在留学生に日本語を教えている3名の担当者で再構成し、俳優さんに演じてもらいました。日本語教師が日本語を教える中で日々出会う疑問、問題をどのように解決し、学習者に理解してもらうかを考えている講義として聞いてください。

 **講義を聞く前に**

（1）日本語の動詞にはいろいろな分類法があります。例えば、「動作動詞」と「思考動詞」に分類する方法です。それぞれどのような動詞でしょうか。例を挙げて考えてみてください。

動作動詞：_____

思考動詞：_____

（2）次の文の「話す」、「思う・思っている」は「田中さん・私・第三者」のうちのだれか考えてみましょう。

① 田中さんは英語を話すと思います。　　　話す_____　思います_____
② 田中さんは英語を話そうと思っている。　話す_____　思っている_____
③ 田中さんは英語を話すだろうと思う。　　話す_____　思う_____

（3）「母語」「日本語母語話者」という言葉が出てきます。どんな意味でしょうか。

[　　　　　　　　　　　　　　　　　　　　　　　　　　　　　　　　　　]

解答：
(1) 動作動詞：体の動きを表す動詞。　例)「会う」「話す」「食べる」「寝る」
　　思考動詞：心の動きを表す動詞。　例)「思う」「考える」「わかる」「信じる」
(2) ① 田中さん／私　② 田中さん／田中さん　③ 田中さん／私
(3) 生まれてから自然に習得し使っている言語を「母語」という。日本語が母語の人を「日本語母語話者」という。

B 講義を聞きましょう

〈配付資料1〉

講義中の指示に従って、下の調査結果の表を見ながら問題に答えなさい。

【表】調査結果
「行く」のはだれ？「思う／思っている」のはだれ？

	例文	「行く」のはだれか	「思う」のはだれか
a	山田さんは行くと思う	山田さん	私
*b	山田さんは行こうと思う	小説などに見られる特殊な文なので、除外	
c	山田さんは行くだろうと思う	山田さん	私
d	山田さんは行くと思っている	① 山田さん	第三者
		② 第三者	山田さん
e	山田さんは行こうと思っている	山田さん	山田さん
f	山田さんは行くだろうと思っている	① 山田さん	第三者
		② 第三者	山田さん
		③ 山田さん	私

【表】を見て答えなさい。

【問題1】（　　）に適当な言葉を入れなさい。

(1) 文末が「思う」の形（a、c）の場合、「思う」人は（　　　　）である。

(2) 文末が「思っている」の形（d、e、f）の場合、「思っている」人は（　　　　）か
（　　　　）か
（　　　　）である。

【問題2】（　　）内の適当な言葉を選びなさい。

(1)「山田さんは行く」の形（a、d）の場合、「行く」人と「思う」人は（同じである／異なる）

(2)「山田さんは行こう」の形（e）の場合、「行く」人と「思う」人は（同じである／異なる）

(3)「山田さんは行くだろう」の形（c、f）の場合、「行く」人と「思う」人は（同じである／異なる）

 内容確認問題

(1) 次の質問に答えなさい。

1 「～と思う」が使われるとき、「思う」のは通常だれか。その人がよく省略されるのは、なぜか。
[   ]

2 「～と思っている」は、思っている人が第三者の場合にも使われるが、それはなぜか。
[   ]

3 「～と思っている」人が「私」であるのは、どのようなときか。
　①
　②

(2) 次の文の「下線の行為をする人」と「思う」人はだれか、答えなさい。

	行為をする人	思う人
1　今日は家で<u>晩ご飯を食べる</u>と思う。		
2　妹は<u>海外旅行をしよう</u>と思っている。		
3　タンさんは<u>来ないだろう</u>と思っている。（3通り）	① ② ③	① ② ③

(3) (　　) の中から正しいものを選びなさい。

1　チェンさんは夏休みに帰国しようと（　思う　思っている　）そうだ。
2　パンダの赤ちゃんが生まれたというニュースを聞いてから、ずっと見たいと
　　（　思う　思っている　）。
3　今日初めて寿司を食べたのですが、おいしいと（　思います　思っています　）。
4　前は日本料理に興味がなかったが、今は日本に行ったらぜひ日本料理を食べてみようと（　思う　思っている　）。

追加解説（ノート例）

内容を整理したノートです。参考にしてください。

「思う」という言葉
—「〜と思う」と「〜と思っている」—

I. はじめに
1. 動作動詞「話す・会う」：体の動きを表現 VS 思考動詞「思う」：話し手の判断や主張を表現
2. 「話している・会っている」：現在のこと→「思っている」の使い方は？

II. 「思う」という言葉の特徴を知るためのアンケート調査
1. 調査対象：日本語教師になろうとしている日本語母語話者 27 名の大学生
2. 調査資料：資料1 ①表 「行く」のはだれか、「思う・思っている」のはだれか
   　　　　　　　　②問題
3. 問題の答えと説明：　＊bは特殊なので除外
   ① 「行く」行為をする人と「思う・思っている」人が同じ→eのみ
   　「と」の前の動詞が意志を表す形
   ② 「行く」行為をする人と「思う・思っている」人が異なる→a c d f (様々なパターン)

III. 「思う・思っている」の使い方の違い
1. 「思う」：「私」以外には使えない
   ・基本的に話し手である「私」の現在の判断、主張を表現
   ・主語としての「私」を使わない方が自然な日本語
2.1 「思っている」：通常「山田さん、第三者」などに使われる
   ・判断や主張がしばらく前から続いている、
   　客観的事実として外に現れ、他の人に知られている
   　→「私」以外の人にも使える
2.2 「思っている」：「私」に使う場合
   ・前からずっと続けて思っていることを言いたい
   ・以前とは違う今のことを言いたい

D 発展学習

1 あなたの知っている言語には、「動作動詞」と「思考動詞」の区別がありますか。この他に動詞をどのように分類しているか、調べてみましょう。
2 あなたの知っている言語には、「〜と思う」「〜と思っている」のような区別がありますか。使われ方について調べてみましょう。

先生からのメッセージ

　言葉の構造や意味などを科学的に研究する学問を「言語学」といいます。この講義は「日本語」を研究対象とした「日本語学」の分野のお話です。

　講義の最後に触れたように、日本語を外国語として勉強している学生さんは、よく日本語の使い方を間違えます。その間違いには、しばしば似たような間違いが見受けられます。その間違いを分析し、理由を考察することによって、その言語の特徴を知ることは、大変興味深く、それらを教育に活かすこともできます。このように、間違いを分析することを「誤用分析」といいます。

　また、興味を持った言語について、より理解を深めるために、他の言語と比較して研究する学問分野もあります。知りたい目標の言語を他の言語と対照して、その特徴を捉えようとする「対照言語学」という分野です。この講義を聞いて興味を持った方は、ぜひ、他の言語の「動作動詞」と「思考動詞」の違いについて調べてみてください。

さらに学びたい方のために

▶ 横田淳子「『〜と思う』およびその引用節内の動詞の主体について」『東京外国語大学留学生日本語教育センター論集24号』101〜117頁、1998年
この講義で扱った調査について詳しく書かれています。
▶ 野田尚史（著）『はじめての人の日本語文法』くろしお出版、1991年
日本語の文法に興味を持った方におすすめします。
日本語の文法についてわかりやすく書かれています。

第4課

「子どもを産まない」という行動がなぜ進化したか？

―― ハチの社会性の進化 ――

講義の紹介

　生物学の分類ではハチはどのような種類に属するのでしょうか。生物は大きくは動物、植物、その他に分かれます。私たちヒトは脊椎動物の中の哺乳類に属します。脊椎は動物の体を作っている大切な骨組みのことです。一方、ハチは無脊椎動物、脊椎がない動物で、その中の節足動物（体節によって頭部、胸部、腹部が区別される）に属します。一般的には昆虫と呼ばれているので、この方がわかりやすいと思います。

　「ハチの仲間」は昆虫の中でも種類が多い方で、1mmにも満たないものや、出会うことがほとんどないような珍しいものも含めると、日本では5000種くらいいると言われています。よく知られている仲間には蜜や花粉を集めるミツバチもいます。この講義で扱うのは、日本にいる「スズメバチ」と「アシナガバチ」の二種類です。

講義する先生の紹介

片田真一　現在は東京家政大学の教員で、「生態学（ecology）」や「生物多様性（biodiversity）」を教えています。生物の多様性とは、野生生物（動物でも植物でも）の種類が多いことを指しますが、地球を見渡してみると、この日本は特に多様性が高いところだと注目されています（生物多様性ホットスポットにも指定されています）。趣味は魚釣り。モットー：まず捕まえてみよう！　そして（安全そうなら）食べてみよう！

＊この講義は俳優さんが演じています。

 **講義を聞く前に**

（1）皆さんの国にはどんな種類のハチがいますか。

[
]

（2）日本にいる「アシナガバチ」と「スズメバチ」について内容が正しいかどうか考えてみましょう。正しければ〇、正しくなければ×を書いてください。

1（　　）一般的に巣には、二匹の女王バチと多数の働きバチがいる。
2（　　）女王バチと働きバチは同じぐらいの大きさだ。
3（　　）女王バチの寿命は一年で、働きバチの寿命は一か月ぐらいだ。
4（　　）一般にオスバチは働くわけではなく、交尾（copulation）のためだけに産まれる。

（3）ハチが生まれてから変態をして、大きくなるまでの成長過程の段階を正しい番号順に並べてみましょう。

| ①成虫　②幼虫　③卵　④羽化　⑤蛹 |

＿＿＿ → ＿＿＿ → ＿＿＿ → ＿＿＿ → ＿＿＿

（4）ダーウィンの「種の起源」の中にある「自然選択理論」、「進化論」とは、どんな考え方ですか。

[
]

解答：
（2）1　×　女王バチは一匹　　2　×　女王バチの方が大きい　　3　〇　　4　〇
（3）③→②→⑤→④→①

B 講義を聞きましょう

〈配付資料〉

- ● 私たちは皆、
  子孫を残した祖先の末裔である。

- ● 子どもを残さなければ、その個体の
  遺伝子は子孫には引き継がれない。

- ● 子どもをたくさん残した個体の子孫で、
  この世はあふれている。
  （この考えはダーウィンの進化論に通じている）

社会性昆虫とはどんな生き物か？
(Social Insects)

- ● 複数個体が共同で育仔(いくし)
- ● 繁殖に関する分業

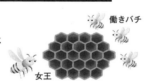

（つまり、働きバチは自分の子どもを産まない。
→ 働きバチが持っている「働く」という遺伝子は
どうやって子孫に伝わるのだろうか？）

アシナガバチの life cycle

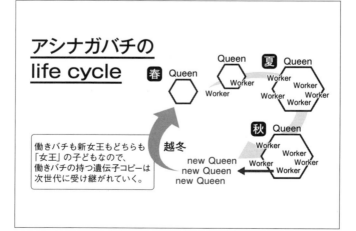

働きバチも新女王もどちらも
「女王」の子どもなので、
働きバチの持つ遺伝子コピーは
次世代に受け継がれていく。

C 内容確認問題

（1）講義の内容と合っているものに○、違うものに×を書きなさい。

1　（　　）ダーウィンの進化論によると、環境に適応し子どもを多く残す個体が次世代で増えていく。

2　（　　）働きバチはメスなので、繁殖に直接かかわっている。

3　（　　）社会性昆虫は役割を分業し、協力することで子孫を効率的に残している。

4　（　　）秋に新女王バチが巣を飛び立つのは、他の巣のオスバチと出会って、交尾するためだ。

5　（　　）働きバチと新女王バチは母が異なるので、遺伝子を共有している確率は低い。

6　（　　）働きバチの「働く遺伝子」は、新女王を通して次世代へ受け継がれる。

（2）自然選択論で説明できないと思われてきた「働きバチの謎」とは何か。

[
　
　
]

（3）働きバチはどのような役割を分業しているのか、＿＿＿＿＿＿に適当な言葉を入れなさい。

1　巣の管理をする
① ＿＿＿＿＿＿（営巣）
② ＿＿＿＿＿＿
③ 妹バチである幼虫の＿＿＿＿＿＿、＿＿＿＿＿＿

2　母バチである女王バチを助ける
① 選ばれた妹バチを新女王に＿＿＿＿＿＿
② 妹バチ全体の生存率が＿＿＿＿＿＿
③ 巣全体の利益が＿＿＿＿＿＿

(4) 下の図はアシナガバチの1年のサイクルである。①〜⑥のa、bのうちの正しい方に○を書きなさい。

	女王バチ	働きバチ（メス）	新女王	オスバチ
春	巣作り開始 子どもを産み始める	①a. 産まれ始める b. 産まれない	産まれない	産まれない
夏	②a. 子どもを産む b. 子どもを産まない	産まれる	夏か夏の終わりに羽化する	夏か夏の終わりに羽化する
秋	子どもを産まない	秋の初めにはいるが終わりにはいない	③a. 飛び立つ b. 巣に残る	④a. 飛び立つ b. 巣に残る
冬	⑤a. 越冬する b. 越冬できない	いない	⑥a. 越冬する b. 越冬できない	越冬できない

(5) かつて自然選択で説明できなかった「働きバチの謎」は、最近ではどのように考えられてきているのか。

[

]

確認しておきたいことば：麻酔　血縁関係　防護服　末裔　DNA　制御する　専念する　揺るがす
記載する　群がる　後世

追加解説

　この講義では日本にいるアシナガバチとスズメバチについて話しました。皆さん疑問に思ったことがあるかもしれません。少し解説をしましょう。講義では詳しく説明していませんでしたが、夏の終わりに羽化したオスバチは同じ巣で産まれた新女王と交尾するのではなく、巣の外へ結婚飛行をして、一般的に他の巣で産まれた新女王と交尾をします。女王が産んだ子どもたちの遺伝子型を調べると、その女王の「近親交配の程度」がわかりますが、ほとんどの種で近親交配した女王はいません。

　女王バチは働きバチがたくさん羽化すると、外へは行かず巣の中にずっといますが、働きバチがたくさん羽化するまでは働きバチが多くないので、外へ出てよく働きます。アシナガバチでは女王が糞をするために、巣からちょっと離れたところへ出ることもありますし、スズメバチでは巣が小さくなると、女王が働きバチを連れて広い場所へ引っ越すこともあります。

　新女王はどのように産まれてくるのでしょうか。アシナガバチとスズメバチでは違うことがわかっています。アシナガバチでは羽化した時点では大きさに違いはないのですが、春から夏にかけてエサをどんどん食べることができた幼虫はよく成長して、大きなメスバチになります。そして、そのまま巣に残って働きバチになるか、幼虫があまりいない場合は自分がその巣の新女王になるか、あるいは外へ飛び立ち他の巣のオスバチと交尾するか、自分の意志で進む道を選んでいるのだという説が支持されています。

　スズメバチでは幼虫が飼育される部屋「セル（cell）」の大きさが、新女王になる幼虫と働きバチになる幼虫のセルとでは初めから違います。つまり、小さなセルの幼虫は働きバチになる一方、大きなセルの幼虫はたくさんエサをもらって新女王になり、こちらは働きません。どちらのセルも作るのは働きバチですが、小さいセルか大きいセルか産み分けているのは女王バチです。

　このようにアシナガバチとスズメバチでは、生態が異なる点があります。

D 発展学習

1 現在の社会では、生物の機能に学ぶ技術、バイオミミクリが注目されています。スズメバチは攻撃性が強く、一般的に恐れられていますが、「スズメバチの幼虫の分泌液」がもつ機能や特性を生かした技術が開発され、製品化されています。どのような製品に利用されているか調べてみましょう。また、同様に「くもの糸」についても調べてみましょう。

　　①スズメバチの幼虫が出す分泌液

　　②くもの糸

2 アリもハチと同様に社会性昆虫です。調べてみましょう。

先生からのメッセージ

片田真一

　ハチは昆虫なのに、家族でくらし、家族を守りながら生活する点で人間に似ていると思い、興味を持ちました。地球上の生物の中で、昆虫は哺乳類の20倍から30倍もいて、地球上の生物の半数以上を占めています。地球は昆虫の星なのです。昆虫を見ることから、地球上の生物の多様性、面白さをぜひ感じてみてください。

さらに学びたい方のために

▶伊藤嘉昭（著）『新版 動物の社会　社会生物学・行動生態学入門』東海大学出版部、2006年
高校生・文系学生にも読める。

▶東正剛・辻和希（共編）『社会性昆虫の進化生物学』海游舎、2011年
理系学生・大学院生向け。

第5課

外国人児童生徒と日本語教育

講義の紹介

　最近日本の公立学校に在籍する外国人児童生徒が増えています。生まれ育った母国を離れ、言語や文化の異なる日本で学校生活を送る子供たちにとって日本語能力の習得は不可欠です。一般的に外国語学習では子供は大人より習得が早いと言われますが、彼らの実情はどうでしょうか。

　日本語は世界の言語の中でも、漢字（音・訓）・平仮名・片仮名と3種類の文字表記があり、そのため語彙も多く、読み書きの習得に時間がかかると言われています。会話能力は1〜2年もすれば身に付きますが、教科学習に必要な言語能力は、5〜6年かかると言われています。このような状況におかれた子供たちにどのような支援が必要なのか一緒に考えてみましょう。

講義する先生の紹介

伊東祐郎（いとうすけろう）　東京外国語大学で日本語を教えています。本学は日本にいながらにして様々な外国語や異なる文化・習慣に触れられる環境にあり、いつも多くの刺激を受けています。専門は応用言語学で、特に日本語のテストを研究しています。増加する外国人児童生徒に対する「学校教育におけるJSLカリキュラム」「外国人児童生徒のためのJSL対話型アセスメントDLA」などを開発してきました。

 **講義を聞く前に**

(1) 日本の*公立学校で勉強している外国人児童生徒は、どこから来ていると思いますか。彼らの母語は何語だと思いますか。

出身国	母語
①	
②	
③	

(2) 外国人児童生徒は日本の公立小学校でどんな科目を勉強していると思いますか。科目名（教科）を書いてください。

[　　　　　　　　　　　　　　　　　　　　　　　　　　　　]

(3) 外国人児童生徒にとって、学びやすいと思われる科目は何ですか。
　　なぜそう思いますか。
  1　学びやすいと思われる科目：
  2　その理由：

(4) 外国人児童生徒にとって、難しいと思われる科目は何ですか。
　　なぜそう思いますか。
  1　難しいと思われる科目：
  2　その理由：

*公立学校とは国立、私立を除く、都道府県や市町村が管轄する小学校、中学校、高校などを指します。

B 講義を聞きましょう

〈配付資料〉

外国人児童生徒を取り巻く課題
① 子供たちの多様性にかかわる課題
→ 多様な言語、文化、習慣、母語、学力などの異文化理解、多文化理解
② 受け入れ態勢にかかわる課題
→ 入学時期、日本語教師、コミュニケーション（通訳、翻訳者）、予算など
③ 日本語指導にかかわる課題
→ 教材・教具、指導内容、指導法（適応指導／日本語指導／教科指導）、指導力など

2言語バランス説

2言語共有説

（2言語バランス説・2言語共有説 Cummins1980, 中島 2001, p.36 をもとに作成）

氷山説（カミンズ）
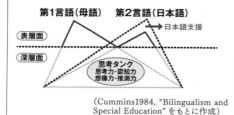
（Cummins1984, "Bilingualism and Special Education" をもとに作成）

「場面依存度」と「認知力必要度」

（枠組は Cummins1984, p.139, 中島 2001, p.39 をもとに作成）

これからの日本語教育
（1）子供たちの潜在能力・思考力を活用する
（2）子供たちの母語を活用する
（3）実物や写真などを活用する
↓
・学校の組織や日本語指導の態勢を整える
・子供たちの個人差に対応できる指導をする

まとめ
1 外国人児童生徒の将来性
・グローバル社会における日本の将来を担う原動力
・無限の可能性

2 外国人児童生徒に対する日本語教育の鍵
・子供たちの文化的な生活や社会参加を実現させる
・受け入れ態勢を"ALL JAPAN"で取り組む

C 内容確認問題

（1）講義の内容と合っているものに〇、違うものに×を書きなさい。

1 （　　）1990年代から在留外国人が増加したのは、観光のために来る人が増えたからである。
2 （　　）2016年に日本語指導が必要な子供たちは3万4千人に上った。
3 （　　）母語別在籍状況によると、ポルトガル語を話す子供が一番多い。
4 （　　）中国語を話す子供はフィリピノ語、スペイン語、ベトナム語を母語とする子供ほど多くはない。
5 （　　）子供たちの日本語能力を伸ばすには、彼らの母語を活用することも重要なことである。

（2）日本語指導が必要な外国人児童生徒とはどのような子供たちか。

[
1

2
]

（3）二つの言語を学ぶ子供たちの頭の断面図を見ながら、その考え方が昔と最近でどのように変化したか下の表にまとめなさい。

	～説	その内容
昔	① 　　　　説	例：
最近の研究	② 　　　　説	

（4）氷山説（カミンズ）によれば、子供たちの日本語能力を伸ばし、母語と同じぐらいの高さまで引き上げるためには、どのようなことが大切か。

[　　　　　　　　　　　　　　　　　　　　　　　　　　　　　　　　　]

（5）教科学習で必要な「言語能力のタイプ」における「場面依存度・認知力必要度が高い、低い」について、説明しなさい。

	高い	低い
場面依存度　①		
認知力必要度　②		

③ 場面依存度が低く
　　認知力必要度が高い教科：＿＿＿＿＿＿＿＿＿＿＿＿＿＿
④ 場面依存度が高く
　　認知力必要度も高い教科：＿＿＿＿＿＿＿＿＿＿＿＿＿＿

｝L1で学んだ知識や能力はL2でも使え、思考力が土台になりやすい。

（6）母語力が十分に発達していない子供たちに効果的な指導法は何か。

[① 教材の工夫：

② 新しい内容の学習：
]

確認しておきたいことば：推移　入国管理法　価値観　保護者　把握する　獲得する　実証する　提唱する
潜在能力　推進する

D 発展学習

1 日本にポルトガル語を母語とするブラジルからの子供たちが多い理由を調べてみましょう。
2 外国人児童生徒に対する効果的な日本語学習について、みんなで話し合ってみましょう。

先生からのメッセージ

外国人児童生徒を受け入れている学校の先生たちは、多様な背景を持った子供たちが学校を好きになって、将来、日本や世界で活躍することを願って様々な取り組みをしています。

外国人の子供たちに対する学校教育では、グローバル社会の中で日本の学校がどのように変わっていけるかが試されています。それと同時に、日本社会における外国人児童生徒との共存は、日本の教育システムや日本で暮らす私たちの生き方や考え方を問い直す機会になっていると思います。

伊東祐郎

さらに学びたい方のために

▶ コリン・ベーカー(著)、岡秀夫(訳・編)『バイリンガル教育と第二言語習得』大修館書店、1996年
バイリンガル教育と言語習得を理解する上での必読書。

▶ ジム・カミンズ(著) 中島和子・湯川笑子(訳)『学校における言語の多様性―すべての児童生徒が学校で成功するための支援―』、2006年
(http://www.mhb.jp/mhb_files/Cumminshanout.doc)
これまでの研究成果とこれからの実践について理解するのにお勧め。

▶ 『外国人児童生徒受入れの手引き』(http://www.mext.go.jp/a_menu/shotou/clarinet/002/1304668.htm) 文部科学省初等中等教育局国際教育課、2011年
受け入れ方法や心得が具体的にまとめられている。

第6課

量子の世界
―― 不思議な二重性 ――

講義の紹介

　現在、「量子コンピュータ」という、次世代のコンピュータの研究と実用化が進んでいます。

　そもそもコンピュータとは、0と1の数値データをたくさん組み合わせ計算する装置です。このデータの基本単位をビットと呼びます。1つのビットは0か1かどちらかの値を表す「二進法」の考え方で出来ています。一方、「量子コンピュータ」では、「量子ビット」という単位を使います。量子ビットは、0と1の両方の値を同時に持ちます。これは、量子が「同時に0でもあり1でもある」という「重ね合せ」と呼ばれる性質を持つことに由来しています。大変不思議な性質ですが、このことによって、「量子コンピュータ」は、膨大な量の計算をすることが出来るのです。

　本講義では、量子の不思議な性質についてお話します。

講義する先生の紹介

手束文子（てつかあやこ）　東京外国語大学でいろいろな国の留学生に、他大学では留学生や日本人学生に、物理を教えています。講義だけでなく実験も一緒にします。実験で見つかる自然の奥深さ、そして、数学的に表現できる自然のしくみの美しさを学生さんたちと共有したいと思っています。趣味は、読書といろいろな国の人たちと交流することです。留学生に各国の文化や生活・価値観などを教えてもらうのが本当に楽しいです。

 **講義を聞く前に**

学校の理科や物理の時間に次の言葉を聞いたことがあると思います。
どんな意味だったか覚えていますか。小さな物質だったことを思い出してから講義を聞いてください。

```
量子  quantum
原子  atom
電子  electron
```

B 講義を聞きましょう

映像の中の資料を見ながら講義を聞いてください。

C 内容確認問題

（1）講義の内容と合っているものに〇、違うものに×を書きなさい。

1 （　）電子は量子である。
2 （　）波はぶつかるとすべて消えてしまう。
3 （　）波の干渉は、水面上でのみ起こる。
4 （　）「電子のスリット実験」では電子がスクリーンに到達するとスクリーンが明るくなる。
5 （　）量子の持つ二重性の応用によって、半導体が作られた。

（2）

1　高さ z_1 の波と高さ z_2 の波がある点で一緒になったとき、合成した波の高さはどうなりますか。z_1 と z_2 を使って答えなさい。

_____

2　下の左の図は、2つの波源（✖の所）から出た波のある瞬間の様子を示している。太い線が波の最も高い所を、細い線が波の最も低い所を示している。以下の①と②の場合の合成波は、右の図のa、bどちらか答えなさい。

　①　同じ種類の線が交わる所（左図では●の所）：____
　②　違う種類の線が交わる所（□の所）：____

〈波の干渉〉

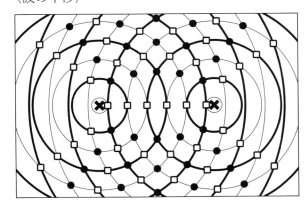
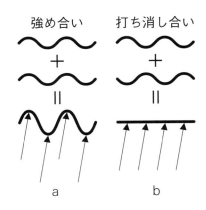

（3）下の［A］、［B］は、電子のスリット実験の結果のスクリーンです。
　　［A］と［B］の実験条件の違いについて述べなさい。

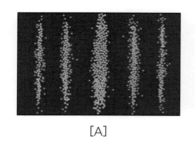　　　　　　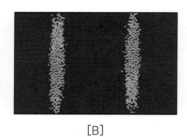

　　　　　［A］　　　　　　　　　　　［B］

［A］は、_____

［B］は、_____

（4）講義で聞いて分かったことを、次の文を完成する形でまとめなさい。

「量子の二重性」とは、_____

_____

「量子の二重性」を応用して、_____

_____

先生からのメッセージ

手束文子

　講義を聞いて理解できたでしょうか。留学生の皆さんには、日本語が難しかったでしょうか。言葉の問題もあるかもしれませんが、今回のお話は、大変不思議な現象の話で、私たちの常識に合わないので、おそらく母語で話を聞いたとしても理解するのが難しい話だったと思います。紹介した実験は、私たち人間に「存在とは何か」「測定するとは何か」というとても深い問題を突きつけました。文系の学生さんの中には、「光の干渉」など初めて聞くという方もいたかと思いますが、是非このような自然界の不思議な物質の姿を知っていただきたいと思い、取り上げました。理系でない方にも分かってもらえるように、細かいことには目をつぶって、ざっくりと説明した部分もあります。ですから、物理が得意な学生さんには、式がなくて、物足りない部分もあったかも知れません。どうぞ、もっとしっかり理解したいと思ったら、自分で勉強してより深く「量子の世界」を楽しんでくださいね。

さらに学びたい方のために

▶ それぞれ次のキーワードで検索してみましょう。
〈「量子の二重性についてさらに学びたい方」へのおすすめキーワード〉
　　粒子　　波　　二重性　　干渉　　二重スリット実験
〈「量子の状態についての理解を深めたい方」へのおすすめキーワード〉
　　シュレディンガーの猫　　確率解釈　　コペンハーゲン解釈　　波動関数　　観測問題
〈「物理として数式を使って理解したい方」へのおすすめキーワード〉
　　量子力学　　波動方程式　　物質波（ド・ブロイ波）
　　シュレディンガー方程式　　ハイゼンベルクの不確定性原理

▶ 朝永振一郎（著）「光子の裁判」『鏡の中の物理学』講談社学術文庫、講談社、1976年
朝永博士は、日本で二人目のノーベル物理学賞を取った物理学者です。「光子の裁判」という短編小説は、博士が、量子（光子）の振る舞いの不思議さを法廷劇仕立てで一般向けに書いた作品です。

第7課

日本は「国土が狭くて人口が多い」という神話

講義の紹介

　産業界が深刻な「人手不足」に直面している今日では想像がつかないかもしれませんが、日本では、1970年代あたりまで、人口が多すぎると考えられていました。のちに首相となる岸信介は、1954年、「この狭いところで8,500万人の人間をどうして養って行くか」が日本政治の課題だと語っています。また、1976年に出版された松下幸之助の著書、『新国土創成論』は、冒頭に「よくいわれることだが、日本は国土がせまく人口が多い」と書かれています。

　しかし、1975年の人口は1億1,000万人ほどで、現在よりも少なかったのです。では、なぜ、1970年代では人口が「過剰」だと言われ、その当時よりも人口が多い現在は、逆に「人手不足」が叫ばれているのでしょうか。言うまでもないかもしれませんが、現代では、人口の過剰や不足は経済や貿易の状況によって判断されるのであり、国土を基準に人口が多いか少ないかを考えても、あまり意味はないのです。

　それでは、なぜ、日本では「国土が狭くて人口が多い」という神話が広まったのでしょうか。この問いについて、講義の中でお話しします。

講義する先生の紹介

春名展生（はるなのぶお）　私は、1975年3月の生まれです。学年としては、1974年生まれの人たちと一緒に学校に通いました。ですから、私は、「団塊ジュニア」、すなわち第2次ベビー・ブーム世代（1971年〜1974年生まれ）の末端に位置しています。この世代は、その人口の大きさによって振り回されてきた世代です。学校生活では競争が激しく、大学を出ても、なかなか就職先を見つけられないという困難に直面しました。このような世代の人間だからこそ、私は今回のようなテーマを選んだのだと思います。

 **講義を聞く前に**

（1）日本は「国土が狭くて人口が多い」という話を聞いたり読んだりしたことがありますか。それはどこで、だれに聞きましたか。または、何に書かれていましたか。

[　　　　　　　　　　　　　　　　　　　　　　　　　　　　　　　　　]

（2）あなたの国と日本を比較してみましょう。（　　）に数字を入れてください。

	人口（人）	国土（km²）	人口密度（人／km²）
あなたの国 《　　　　》 （世界順位）	（　　　　　） （　　位）	（　　　　　） （　　位）	（　　　　　） （　　位）
日　本 （世界順位）	（　　　　　） （　　位）	（　　　　　） （　　位）	（　　　　　） （　　位）

（3）あなたは、日本は「国土が狭くて人口が多い」という見方についてどう思いますか。

[　　　　　　　　　　　　　　　　　　　　　　　　　　　　　　　　　]

（4）どうして、日本は「国土が狭くて人口が多い」と言われていると思いますか。

[　　　　　　　　　　　　　　　　　　　　　　　　　　　　　　　　　]

B 講義を聞きましょう

〈配付資料〉

日本は「国土が狭くて人口が多い」という神話

春名展生

はじめに

日本は「国土が狭くて人口が多い」のか？
- 日本は人口の多い国か？
- 日本は国土の狭い国か？

1. 志賀重昂とダーウィン

　　国土は狭小
　　人口は激増
　　日本人は到底如何すれば衣食し得べきや

（志賀重昂『世界当代地理』、1918年）

- 志賀重昂（1863年〜1927年）

地理学者。早稲田大学教授。衆議院議員（1902年〜1904年）。著書に『南洋時事』（1887年）、『日本風景論』（1894年）、『世界山水図説』（1911年）など。

- ダーウィン　Charles Robert Darwin（1809年〜1882年）

『ビーグル号世界周航記』*The Voyage of the Beagle*（1839年）
『種の起源』*The Origin of Species*（1859年）

- マルサス　Thomas Robert Malthus（1766年〜1834年）

『人口論』*An Essay on the Principle of Population*（1798年）
「人口は等比級数的に増加するが、食糧は等差級数的にしか増えない」
"Population, when unchecked, increases in a geometrical ratio. Subsistence increases only in an arithmetical ratio."

2. 明治時代の日本
【図】日本の人口

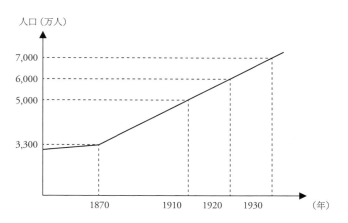

今や我国は人口処分の大問題に上れり。盖し限りある国土の面積を以て限り
なき人口の繁殖を致す。一国経済の上政治の上困弊到らざらんことを欲すと
雖も豈に其得べけんや。
（海外移住同志会、1891年〔『大阪朝日新聞』1891年7月18日〕）

3. 戦争と「狭い国土」の神話
- 日清戦争　Sino-Japanese War（1894年〜1895年）
  徳富蘇峰『大日本膨脹論』（1894年）

- 日露戦争　Russo-Japanese War（1904年〜1905年）
  日露開戦七博士（小野塚喜平次、金井延、高橋作衛、寺尾亨、戸水寛人、
  富井政章、中村進午）

- 満洲事変　Mukden Incident（1931年〜1933年）
  【満洲国】「国防上、資源上、人口問題上大なる貢献をなす」
  （柳川平助「満蒙問題の再認識」『外交時報』第668号、1932年）

おわりに
日本は「国土が狭くて人口が多い」という見方が……
- いつ形成されたのか？
- どのような事情で形成されたのか？
- どのように広まったのか？

C 内容確認問題

(1) 次の表中の（　）には人名、『　』には書名、〈　〉には適当な言葉が入る。
それぞれ下の選択肢の中から選び、記号を入れなさい。

1　人名（　）　　a. ダーウィン　b. 柳川平助　c. 志賀重昂　d. 戸水寛人

2　書名『　』　　a. 南洋時事　b. 種の起源　c. 日本風景論　d. 世界当代地理

3　言葉〈　〉　　a. 神話　b. 文明開化　c. 生存競争　d. 移民

時　代	事　柄	人　口
1800年代 後半	・（①　）はトマス・ロバート・マルサスの『人口論』を読み〈1　〉という概念にもとづいて『㋐　』を執筆 ・地理学者の（②　）は（①　）の書いた『ビーグル号世界周航記』を持参して南太平洋を航海	3,300万人
1887	・（②）は航海後『㋑　』を出版 　➡人口の増加による貧困の危機感を訴える	
1890年代	・（②）は〈2　〉を奨励し、東邦協会、海外移住同志会、殖民協会などの組織の設立にかかわる	
1894-1895	・日清戦争　徳富蘇峰『大日本膨脹論』	
1900年代	➡人口の増加による貧困を解消するため国土拡大を主張 　➡日露開戦七博士がロシアとの開戦を主張	
1904-1905	・日露戦争	
1910年代		5,000万人
1918	・（②）は『㋒　』を出版 　➡国土の狭さと人口の激増を懸念	
1920年代		6,000万人
1930年代		7,000万人
1931	・満洲事変	
1932	・「満洲国」設立	

（2）日本は「国土が狭くて人口が多い」という見方について、下の質問に答えなさい。

1　このような見方は、いつ形成されたのか。

[　　　　　　　　　　　　　　　　　　　　　　　　　　　　　　　]

2　このような見方は、だれのどのような考えの影響を受けているか。

[　　　　　　　　　　　　　　　　　　　　　　　　　　　　　　　]

3　このような見方は、明治時代の後半以降、どのような目的でどのように普及していったか。

[　　　　　　　　　　　　　　　　　　　　　　　　　　　　　　　]

4　この講義では、なぜこのような見方を「神話」と呼んでいるのか。

[　　　　　　　　　　　　　　　　　　　　　　　　　　　　　　　]

確認しておきたいことば：進化論　生存競争　等比級数　等差級数　仮説　飢餓　移民　普及する　正当化する　賛同する

追加解説

　今日、単位面積(1平方キロメートル)あたりに居住する人口を表す人口密度という「客観的」な指標を根拠として、日本は国土が狭くて人口が多いと考える風潮があります。

　しかし、人口密度は、本当に意味ある比較を可能にする指標でしょうか。国土には、居住が可能な部分と困難な部分がありますが、このような区別は、人口密度の計算には反映されていません。しかも、居住可能性の限界、さらに居住可能な土地の収容人数は、技術水準や生活様式によって変動します。人口密度だけでは、一国の人口が「過剰」であるかどうかはわからないのです。

　そもそも日本の人口密度は、ほかの国々と比べ、際立って高いわけではありません。日本の人口密度は300人あまりですが、日本と同じように山が多い韓国の人口密度は500人ほどです。地中海に面した断崖絶壁の国、モナコにいたっては、人口密度が2万人近くに達するのです。私は、これらの国々のほうが日本よりも人口が過剰であると言いたいのではありません。このような比較にどれほどの意味があるのかと問いたいのです。

　歴史を振り返ると、この問題にみちた指標は、国の領土を拡大したいと考えた人々に悪用されました。たとえば、1920年代にドイツで『地政学雑誌』(*Zeitschrift für Geopolitik*)を創刊し、ヒトラーにも影響を与えたKarl Haushoferは、「1平方キロメートル当たりの住民の数」こそ地政学の基礎をなすと主張していました。第2次世界大戦中、このようなドイツの知的状況を敵国のアメリカから観察していた歴史家のAndreas Dorpalenは、Haushofer等の地政学者たちが用いたロジックを「まったくの欺瞞だ」と批判しています。最後にDorpalenの言葉を引用しておきましょう。「ドイツの地政学者たちが使用する計算式、すなわち〈人口／面積〉は、信頼に値するような結論を導き出すには粗雑すぎるのです」(*The World of General Haushofer*, 1942)。

D 発展学習

1 あなたの国では、この話で紹介されたような、客観的な根拠のない「神話」がありますか。それはどのような「神話」ですか。また、それはどうして形成され、広まっていったのでしょうか。
2 社会の中で広く信じられている「神話」に対して、どのようなことに注意したらよいと思いますか。

先生からのメッセージ

明治時代の中盤から第2次世界大戦にかけ、日本で「過剰人口」への恐れが強まっていった過程について、もう少し詳しく読みたい人は、拙著『人口・資源・領土』を手に取ってみてください。自分が書いた本の紹介は気が進みませんが、残念ながら、ほかに類書がありません。

このような歴史が十分に顧みられていないからこそ、現在も日本の学校で、「人口密度」という指標 (この指標の問題については、追加解説を読んでください) を根拠として日本が人口的に「過密」であると子どもたちに教えられているのではないかと私は思います。

なお、これも最近の新しい「再発見」ですが、一部の国々で人口が過剰であるという認識は、20世紀のはじめから国際的に共有されていました。その様子については、Alison Bashford, *Global Population*, 2014を開いてみてください。とくに第2章を読めば、日本の「過剰人口」に関する訴えが、欧米諸国の知識人たちにも受け入れられていたことがわかります。

春名展生

さらに学びたい方のために

▶ 春名展生 (著)『人口・資源・領土——近代日本の外交思想と国際政治学』千倉書房、2015年
本講義で取り上げた内容についてより詳しく書かれています。
▶ Alison Bashford, *Global Population: History, Geopolitics, and Life on Earth*, Columbia University Press, 2014.

第8課

文化を読み解く
—— ホフステードの研究から「不確実性の回避」——

講義の紹介

　この授業は、文化を理解するためのフレームワークを学ぶことが目的で、オランダの研究者ホフステードによる働く人々の価値観の調査を取り上げます。ホフステードは、世界各地での大規模調査から、文化の次元を見いだしました。前回の授業で研究の概要と「個人主義・集団主義」という次元について勉強し、今回は2回目の授業で、「不確実性の回避」という次元を取り上げます。さあ、冒険の始まりです。価値観を考えるにあたり、判断は保留して、やわらかい心で一緒に勉強しましょう！

講義する先生の紹介

小松由美（こまつゆみ）　世界各地から来日したばかりの学生達が留学生活をスムーズに送れるように支援するのが仕事です。東京外国語大学でこれまでに担当した学生の出身国は、120カ国以上になりました。日米両国での公立・私立の教育機関での経験や国際機関で世界各国から集まった人々と仕事をした経験を、学問として学んだ心理学と照らし合わせながら、様々なアプローチを心がけています。

 講義を聞く前に

（1）日本では電車が時間通りに動くのが通常ですが、それを見てどのように感じますか。

[　　　　　　　　　　　　　　　　　　　　　　　　　　　　　　　　　　]

（2）文化にはどのような種類があると思いますか。

[　　　　　　　　　　　　　　　　　　　　　　　　　　　　　　　　　　]

（3）「ステレオタイプ」という言葉を知っていますか。どのようなことを指しますか。

[　　　　　　　　　　　　　　　　　　　　　　　　　　　　　　　　　　]

（4）「集団主義」と「個人主義」という考え方がありますが、日本はどちらに近いと思いますか。

[　　　　　　　　　　　　　　　　　　　　　　　　　　　　　　　　　　]

B 講義を聞きましょう

〈配付資料〉

ホフステードの研究
- オランダの研究者 ヘールト・ホフステード（Geert Hofstede 1928〜）
- 文化＝考え方、感じ方、行動様式 メンタル・ソフトウェア
- 価値観に関する研究を行い、1980年に『経営文化の国際比較』を出版
  文化の4つの次元を紹介（53の国・地域のデータ）
  個人主義ー集団主義、権力格差、不確実性の回避、男らしさー女らしさ
- その後の研究成果を取り入れて、1991年に『多文化世界』を出版
- 2000年代のデータ分析も取り入れて、
  2010年に二人の研究者との共著で『多文化世界』第三版を出版
  文化の6つの次元を紹介（76の国・地域のデータ）
  上記4つの次元 ＋ 長期志向ー短期志向、放縦ー節制

不確実性の回避 UNCERTAINTY AVOIDANCE

ある文化の成員が、
あいまいな状況や
未知の状況に対して
脅威を感じる程度

不確実性の回避が強い社会
- 不確実性は取り除かれなければならず、
  ストレスが強く、不安感が漂っている
- 不確実な要素を取り除く方法として、
  法律や規則が多い
- 子供たちは、汚いものやタブーについて
  厳しく教えられる
- 安全であることが重要
  従うことが難しい規則でも、規則があるほうが安心
- 時は金なりで、いつも忙しく働いている
- 違うということは危険

不確実性の回避が弱い社会
- 確実でないということを受入れていて、
  ストレスは低く、不安感も低い
- 子供たちは汚いものやタブーについて、
  あまり厳しく言われない
- 達成することが重要
- 絶対に必要な規則以外は必要ではなく、
  守れない規則ならば変えればいい
- 時間は自分を方向付ける枠組み
- 違うということは興味をそそる

不確実性の回避の指標（抜粋）

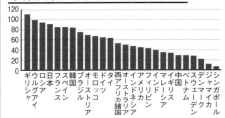

ホフステード他（2013）『多文化世界』から抜粋して作成

不確実性の回避の強い社会と弱い社会の基本的な違い

不確実性の回避が強い	不確実性の回避が弱い
学生は構造化された学習の場を好み、正解にこだわる	学生は自由な学習の場を好み、討論に関心がある
教師は何についても答えられると考えられている	教師が「私にはわからない」と言うこともある
学問上の敵であれば、個人的な友でありえない	学問上は敵でも、個人的な友人でありえる

ホフステード他（2013）『多文化世界』から作成

日本社会と不確実性の回避

贈答　交通安全

日本社会と不確実性の回避

キャリア形成

法律・規則の制定

個人主義
- 個人主義的な社会：情報は言葉で表す必要がある
- 集団主義的な社会：言わなくても情報を共有　暗黙の了解

不確実性の回避
- 回避が強い：法律や規則があるほうが安心
- 回避が弱い：実態に合わない規則は不要

ひとつの次元だけで見るのではなく
文化を読み解くフレームワークを
複数持つことで
より深く文化を理解しよう

文化を読み解く上で気をつけてほしいこと

- **すべては相対的**
  例：日本より集団主義が強い国から見れば、日本は個人主義に見える。

- **ステレオタイプ化しない**
  「この国の人だからこの次元が強い」と決めつけてしまうのは、危険。

参考文献

G. ホフステード、G.J. ホフステード、M. ミンコフ著
『多文化世界――違いを学び未来への道を探る　原書第3版』2013年　有斐閣

英語で読みたい人は

G. Hofstede, G.J. Hofstede, M. Minkov (2010) "Cultures and Organizations: Software of the Mind, Third Edition" McGraw-Hill Education

 内容確認問題

（1）次のような行動や考え方は「A 不確実性の回避が強い社会」、「B 不確実性の回避が弱い社会」のどちらの社会に多いか。AかBか選んで（　）に記号を書きなさい。

1　約束の時間は守らなければならない。　（　　）
2　靴をはいて歩く床は汚いので、床に座るべきではない。　（　　）
3　学校行事では、細かいスケジュールは決まっていない。　（　　）
4　学校の規則も交通ルールも、守るのが当然だ。　（　　）
5　授業が8時半からだと遅刻する人がいるので、9時からに変更した。　（　　）
6　算数の問題:「$\boxed{A}+\boxed{B}=8$」で、AとBに入る数字の組み合わせは何か。　（　　）
7　算数の問題:「$3+5=\boxed{C}$」で、答えのCを求めなさい。　（　　）
8　あの人は先生なのに、なぜ質問にうまく答えられないのだろう。　（　　）
9　最近就職したが、他にいい仕事があったら別の会社に移ってもいいと思う。（　　）

（2）講義を聞いてわかったことをまとめなさい。

1　文化:_____

2　不確実性の回避:_____

3　不確実性の回避が強い社会では_____
_____

4　不確実性の回避が弱い社会では_____
_____

5　文化を読み解くときに気をつけなければならないことは

①_____　②_____

確認しておきたいことば:次元　あいまい　融通　即戦力　暗黙の了解　摩擦

D 発展学習

1 この話を聞いて、あなたがこの説で説明できると、気づいた事例はありますか。
2 あなたの国と日本を比べるとどんなことが違いますか。

先生からのメッセージ

ホフステードの価値観に関する研究は、異文化を理解する助けになりますが、一つの次元に限らず、ホフステード以外にもいろいろな研究をフレームワークとすることで、より深い異文化理解が進むでしょう。判断を保留して、更に文化を見る目を磨いていってください。

小松由美

さらに学びたい方のために

▶ G.ホフステード、G.J.ホフステード、M.ミンコフ（著）、岩井八郎、岩井紀子（訳）『多文化世界 -- 違いを学び未来への道を探る〔原書第3版〕』有斐閣、2013年

英語で読みたい人は

G. Hofstede, G. J. Hofstede, M. Minkov (2010) "*Cultures and Organizations: Software of the Mind, Third Edition*" McGraw-Hill Education

▶ E.メイヤー（著）、田岡恵監訳、樋口武志（訳）『異文化理解力　相手と自分の真意がわかるビジネスパーソン必須の教養』英治出版、2015年

第9課

食料自給率から見た日本の食生活の変化

講義の紹介

　この講義では日本の主食である米の生産と消費に言及し、米の生産調整を行う減反政策についても触れています。戦時立法として1942（昭和17）年に制定された食糧管理法が廃止されたのは1995（平成7）年のことでした。政府が主要な食糧を管理統制する制度が戦後もずっと続いていたのです。

　私たちにとって大変身近な食生活も、実は戦前そして戦後の日本社会の歩みと深くかかわっています。講義を聞くにあたっては、消費という側面だけではなく、生産面とも密接不可分に進行した食生活の変化を通して、日本社会の変化についても考えていただければと思います。そして、ご自分の生まれ育った国や地域の食をめぐる問題について、ぜひ比較検討してみてください。

講義する先生の紹介

野本京子（のもときょうこ）　2017年3月まで、東京外国語大学で30年近く、日本の歴史や社会そして文化（日本地域研究）を担当していました。授業では留学生と日本人学生とが一緒に学び、活発に意見を交換することを通じて、それぞれが育まれた国や地域の歴史や文化の違いや共通性などを理解することを目指しました。また授業を通じて、私自身が学んだこともたくさんあったように思います。

A 講義を聞く前に

（1）「食料自給率」という言葉を聞いたことがありますか、どのような意味でしょうか。あなたの国の「食料自給率」はどのくらいか知っていますか。

[　　　　　　　　　　　　　　　　　　　　　　　　　　　　　　　　]

（2）食料自給率には以下の三つの区分があります。それぞれの意味を調べてみましょう。

1　カロリーベース食料自給率

2　重量ベース食料自給率

3　生産額ベース食料自給率

（3）現在の日本の食生活についてどんなことを知っていますか。話し合ってみましょう。

[　　　　　　　　　　　　　　　　　　　　　　　　　　　　　　　　]

（4）この講義では、1960年代の日本の話をします。そのころの日本の経済状況について知っていることを話し合ってみましょう。

[　　　　　　　　　　　　　　　　　　　　　　　　　　　　　　　　]

B 講義を聞きましょう

〈配付資料1〉

資料1
総合自給率等の推移

(単位：％)

年　度	昭和35年度(1960)	36	37	38	39	40(1965)	41	42	43	44	45(1970)	46	47	48	49	50(1975)	51	52	53	54	55(1980)	56	57	58	59	60(1985)
穀物自給率	82	75	73	63	63	62	58	56	54	49	46	46	42	40	40	40	37	35	34	33	33	33	33	32	31	31
主食用穀物自給率	89	83	84	76	79	80	80	79	79	76	74	73	71	70	69	69	68	67	68	69	69	69	69	69	69	69
供給熱量総合食料自給率	79	78	76	72	72	73	68	66	65	62	60	58	57	55	55	54	53	53	54	54	53	52	53	52	53	53
参考：酒類を含む(供給熱量総合食料自給率)	-	-	-	-	-	-	73	67	66	61	59	58	57	55	54	54	53	52	53	54	53	52	52	52	52	52
生産額ベースの総合食料自給率	93	90	89	86	86	86	86	91	91	89	85	80	83	81	78	83	80	85	81	85	77	78	78	79	81	82
1人1年当たり米消費(kg)	126.2	130.4				122.5					105.0					97.2					87.1					82.3

年　度	昭和61	62	63	平成元	2(1990)	3	4	5	6	7(1995)	8	9	10	11	12(2000)	13	14	15	16	17(2005)	18	19	20	21	22	23	24	25	26	27(2015)
穀物自給率	31	30	30	30	30	29	29	22	33	30	29	28	27	27	28	28	28	27	28	28	27	28	28	26	27	28	27	28	29	29
主食用穀物自給率	69	68	68	68	67	66	66	50	74	65	63	62	59	60	60	60	61	60	60	61	60	61	60	59	59	60	59	60	60	60
供給熱量総合食料自給率	51	50	50	49	48	46	46	37	46	43	42	41	40	40	40	40	40	40	40	40	39	40	41	40	39	39	39	39	39	39
参考：酒類を含む(供給熱量総合食料自給率)	50	49	48	48	47	45	45	37	45	42	42	40	39	38	38	38	39	38	38	38	38	39	40	39	38	37	36	37	37	37
生産額ベースの総合食料自給率	83	81	77	77	75	74	76	72	78	74	71	71	70	72	71	70	70	69	69	69	68	65	70	70	69	67	68	65	64	66
1人1年当たり米消費(kg)					77.3					74.8					71.3					67.8										60.3

資料：農林水産省 平成28年度「食料需給表」から作成

〈配付資料2〉

資料2

一日1000円「輸入8割」

食料小国ニッポン ①
自給率39%の現場

東京都内の私立大学に通う男子学生(24)は、1000円前後が1日の食費だ。一人暮らしを始めて5年目。就職活動のため留年したのをきっかけに名古屋市の実家からの仕送りを打ち切られた。人材派遣会社で稼いでいるものの、月約11万円の生活費は自分で稼ぐしかない。来春の就職先はようやく内定したものの、全体の39%を下回る22%。日本の食料自給率を推計すると、この日の食料自給率は22%。日本の食料自給率計算ソフト」を農林水産省が開発した。原料となる小麦などが8割以上輸入で、畜産の飼料は8割が輸入。菜や魚介類も大量に輸入されるようになった。肉類消費は所得向上と比例して増えた。1人当たりのコメ消費量と自給率をグラフ化すると、両者はほぼ平行線を描く。

食事は「早く、安く」が条件で、輸入食材を多く扱うコンビニエンスストアや外食に頼りがち。6月4日は朝食はコンビニのサンドイッチ、昼はカップめんと菓子パン、夜も菓子パン。食費は計960円だった。コメと野菜、魚介類を中心とした伝統的な食文化が廃れ、肉や油脂、パン・めん類の消費が増えた主因の一つは食生活の変化だ。

「自給率を気にしていたら生活できない。中国製冷凍ギョーザの中毒事件や穀物の値上がりは気になるけど、僕のような貧乏学生は自衛手段がない」と。この学生は結ぶ。

日本の食料自給率が1965年度の73%から07年度は40%を割り込み、39%になった。主要国の自給率は、豪州237%▽カナダ145%▽米国128%▽フランス122%▽ドイツ84%▽英国70%など、いずれも日本を大きく上回る。日本は06年度に初めて40%を割り込み、39%になった。

低所得者 コンビニ頼み
伝統食文化 廃れ

パンやカップめんなどの小麦製品が普及したことも食料自給率低下の一因だ=東京都新宿区のコンビニエンスストアで、梅田麻衣子撮影

自給率 食料をどれだけ国内生産で賄っているかを示す数値。一般的には消費カロリーに占める国産の比率を示す「総合食料自給率」(いずれも06年度)で示す。他に、生産額ごとに重量比で示す品目別自給率などがある。

食料自給率とコメ消費量の推移

「豊かさ」と「貧しさ」の両面から掘り崩される日本の農漁業のコスト高さや円高、貿易自由化を背景に90年代から野菜や魚介類も大量に輸入。所得水準の低い輸入品が支える構図もある。中国などの新興国が日本の後を追うように肉食を増やしている。海外では、牛肉1kgの生産には穀物飼料11kg、豚肉では7kgが必要。肉食化で穀物需要を押し上げ、バイオ燃料の生産拡大や、地球温暖化による干ばつなども穀物需給の逼迫に拍車をかける。各地の生産現場を訪ねる。

途上国の「肉食化」が穀物需要を押し上げ、バイオ燃料の生産拡大や、地球温暖化による干ばつなども穀物需給の逼迫に拍車をかける。主要先進国で最低水準に落ち込んだ日本の自給率。政府は、それを20年までに50%、15年に45%に高める目標を掲げているが、2年連続で前年を下回っているのが実情だ。今回、「食料危機」が叫ばれる中、主要先進国で最低水準の食料自給率を検証する。

食料危機が叫ばれる。農林中金総合研のA特別理事は「米国との自由貿易協定を結べば20%まで下がる」という試算もある。自給率向上には生産者への支援、食生活の見直しと行動、国民「1人1人の食習慣」と指摘する。

2008年6月25日「毎日新聞」

〈配付資料3〉

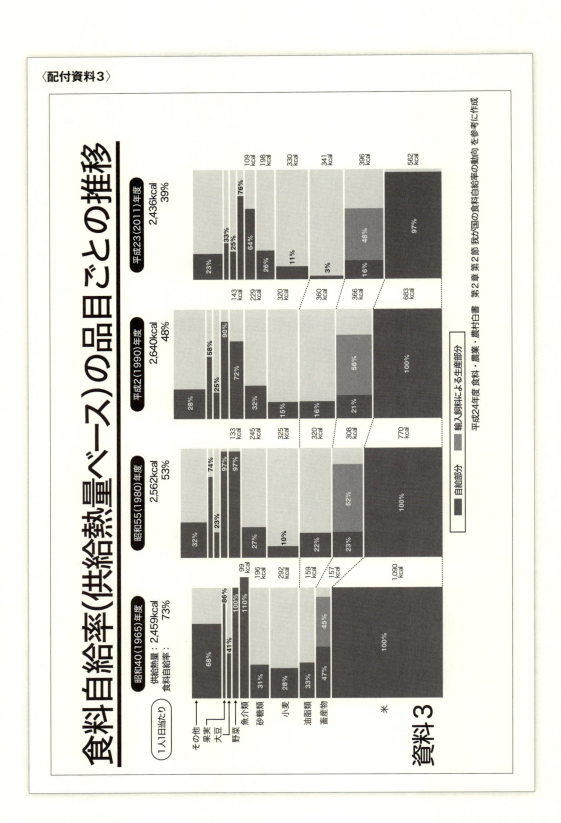

資料3

 内容確認問題

(1) この講義のテーマは何か。以下から一つ選んで○をつけなさい。

　　食料自給率　　　食生活　　　食生活の変化　　　身土不二

(2) 1960年代から2000年代にかけて、日本の食生活で消費が減ったものや消費が増えたものは何か。

減ったもの:

増えたもの:

(3) 食料自給率の低下と米の消費量の変化が、並行した関係にあるのはなぜか。

(4) 米の消費が減り、肉類や鶏卵・乳製品等の畜産物、小麦の消費が増えた経緯について説明しなさい。

（5）次の言葉の意味を考えてみよう。

「食料小国ニッポン」

[　　　　　　　　　　　　　　　　　　　　　　　　　　　　　　]

「飽食の時代」

[　　　　　　　　　　　　　　　　　　　　　　　　　　　　　　]

「食はいのちの糧（かて）」

[　　　　　　　　　　　　　　　　　　　　　　　　　　　　　　]

「身土不二」

[　　　　　　　　　　　　　　　　　　　　　　　　　　　　　　]

（6）先生が最後に言いたかったことは何か。

[　　　　　　　　　　　　　　　　　　　　　　　　　　　　　　]

（7）250字程度の要約、あるいは講義の内容の構成表を作ってみよう。

確認しておきたいことば：賄（まかな）う　推移（すいい）　構成比（こうせいひ）　油脂（ゆし）　副菜（ふくさい）　白米（はくまい）　糧（かて）

D 発展学習

次の点について調べてみましょう。
1 日本の戦後の食料政策
2 貿易自由化と農業の関係
3 TPP、FTAなど現在の貿易に関係する協定と各国の状況
4 自国の食料問題

先生からのメッセージ

　私たちの身体・生命は日々の食事を通じて維持され、育まれています。私たちの生活にとって、とても大切な「食」。では、その大事な食料はどこでだれによって生産され、どのような流通ルートをたどって私たちの食卓まで届けられるのでしょうか。そして、食生活の変化は何によってもたらされるのでしょうか。ここでは戦後日本の食生活の変化について取りあげていますが、これを読まれた皆さんは、生まれ育った国・地域の状況やご自分の食生活についてぜひ考えてみてください。

野本京子

さらに学びたい方のために

▶西川潤（著）『データブック　食料』岩波ブックレットNo.737、岩波書店、2008年
日本や世界の「食」を取り巻く環境について、具体的に数値を挙げて検証していますので理解しやすく、いろいろ考える手がかりを与えてくれます。

▶藤岡幹恭、小泉貞彦（著）『農業と食料がわかる事典』日本実業出版社、2004年
各章ごとにわかりやすいテーマを掲げ、さらにそのテーマにかかわる事項を一問一答形式で解説しています。

▶岸康彦著『食と農の戦後史』日本経済新聞出版社、1996年
生産と消費の両側面を踏まえ、戦後日本の食生活の変化を、年代にそってわかりやすく解説しています。「食」の変化をもたらす国際状況についても検証しています。

第10課

「文化権」
――人権のシンデレラ――

講義の紹介

　「文化」についての議論でしばしば経験するのは、それぞれの話者が文化という言葉を違った意味で用いていること、それどころか、同じ話者ですら文脈に応じて異なった意味で用いていることです。このような「文化」の多義性は、「文化」という対象の多様性、複雑性を反映していると言えます。

　この講義では、そのような「文化」をめぐる議論のなかから、特に「人権」としての「文化」を切り口にして、多様で複雑な「文化」と私たちとの関わりについてさらに深く考えていきたいと思います。

講義する先生の紹介

谷　和明（たに　かずあき）　東京外国語大学留学生日本語教育センターで、留学生に日本の社会や文化について20年以上教えていました。研究分野は社会教育・生涯学習で、特に地域コミュニティにおいて市民の文化活動が果たす役割に関心があります。ですから、旅行先では、時間があれば地域の人たちが集まるコミュニティセンターのような場所を訪問するのを楽しみにしています。

 **講義を聞く前に**

（1）「文化」という言葉からイメージできるものを挙げてみましょう。

文化

（2）あなたの国の憲法では、どのような人権が認められていますか。その中で、最も重要だと思うものを挙げてみましょう。
　　（例）　働く権利、教育を受ける権利など

（3）「文化権」（文化に対する権利）とは、具体的に何をする権利だと思いますか。

解答例：
（2）働く権利、教育を受ける権利、最低限の生活を保障される権利、個人の自由を求める権利、よい環境を求める権利など
（3）個人が自由な表現や創造活動をする権利、だれでも公平に文化にアクセスできる権利、文化的なアイデンティティを尊重、振興、保護される権利など

B 講義を聞きましょう

〈配付資料〉

文化権

谷 和明

---

1. 人権のシンデレラとしての文化権
1.1 「文化権」を考える視点

文化権 ＝ 文化 ＋ 権利（基本的人権）

すべての人間には文化に関わることがらに対する権利があることを表す

---

1. 人権のシンデレラとしての文化権
1.2 本講義の課題

(1) 人権としての文化とは何か
(2) 文化と人権にはどのような関係があるのか

---

1. 人権のシンデレラとしての文化権
1.3 「シンデレラ」と呼ばれる理由

(1) 新しく認められた人権である
(2) 広く認知されていない
(3) これから真価が認められる

---

1. 人権のシンデレラとしての文化権
1.4 「文化」が「人権」とされてきた理由

(1) 文化（学問、芸術）の大衆化
(2) 文化のナショナリズムの発展
(3) マイノリティ集団の権利

　国や社会の多文化化＝複数文化の共生
　文化の多様性に対する正当な認識とその尊重

---

2. 基本的人権
2.1 基本的人権の区分

(1) 第1世代　　自由権
(2) 第2世代　　社会権
(3) 第3世代　　集団的人権

2. 基本的人権

2.2 集団的人権

(1) **集団も人権の主体であるという考え**
労働者の権利、農民の権利、女性の権利、子供の権利、民族の権利、マイノリティ集団の権利　etc.
(2) **集団的権利の論拠とされる**
(3) **個人の人権と対立することがある**
(4) **人権としては認めない意見も多い**

3. 人権としての文化

3.1 文化の定義　UNESCO

(1) 様々な価値、信念、言語、芸術と学問、伝統、制度、生活様式など
(2) 個人あるいは集団が自らの生活と発展に付与している意味を表現するために用いているもの

3. 人権としての文化

3.2 3つの文化観

(1) 18世紀〜　**文化 ≒ 文明**
知的、精神的、美的な普遍的過程
(2) 19世紀〜　**文化 ≠ 文明**
ある民族、時代、集団、あるいは人類一般の特定の生活様式
(3) 20世紀〜　**文化 ⊆ 文明**
知的活動、芸術的な活動に関わる作品と実践

3. 人権としての文化

3.3 3つの文化観と文化権

① **自由権としての文化権** ➡ (1)に対応
文化創造、選択の自由と創造者の保障
② **社会権としての文化権** ➡ (3)に対応
だれもが学問、芸術の成果を享受し、利用できること
③ **集団的権利としての文化権** ➡ (2)に対応
集団的・文化的なアイデンティティの尊重、振興、保護

4. 文化権に含まれる問題

(1) 研究者、芸術家の創造の自由　vs.　多数者の文化、常識・社会規範
(2) 著作権　vs.　成果を享受、利用できる権利
(3) 文化的アイデンティティ相互の対立　vs.　民族・国民・小集団の文化
個人と集団の対立、集団と集団の対立、集団内部の小集団の対立

5. まとめ

(1) 文化権は新しい権利である
(2) ①自由権、②社会権、③集団的権利という3つの性格がある
(3) **個人の自由な表現と集団・社会の文化との調整、集団相互での調整、つまり、多文化の共生**という点に最大の難しさがある
(4) 社会の発展のためにそれらを解決する必要がある

 **内容確認問題**

（1）「文化権」が「人権のシンデレラ」と呼ばれる理由を三つ挙げなさい。
1
2
3

（2）「文化」が権利として認められるようになった理由として正しいものを下の選択肢から三つ選び、〇をつけなさい。
1　（　　）人々が勤労や教育の問題より文化に興味を持つようになった。
2　（　　）先進国では、学問や芸術が大衆化して文化として捉えられるようになった。
3　（　　）植民地だった国が先進国の音楽や演劇などの文化の影響を受けた。
4　（　　）20世紀後半から、欧米諸国の植民地が独立し、国民が独自の文化を主張した。
5　（　　）これまで差別されてきたマイノリティの人々が自分たちの生活の文化性を主張するようになった。

（3）「基本的人権」は、次の三つに区分できます。それぞれの権利の内容と具体例を下の □ から選んで記号を入れなさい。

	1　内容	2　具体例
① 自由権		
② 社会権		
③ 集団的人権		

1　内容

　A　人間らしい生活を実現する権利
　B　国家から個人の自由を保護する権利
　C　民族や集団の生活や活動を保護する権利

2　具体例

　a. 環境権　b. 思想・言論の自由　c. 宗教の自由　d. 勤労権　e. 発展の権利
　f. 教育を受ける権利　g. 平和的生存権　h. 生存権　i. 学問の自由

(4)「基本的人権」と結びついた「文化権」は下の三つに区分できます。それぞれどのような文化権か説明しなさい。

1　自由権としての文化権
[　　　　　　　　　　　　　　　　　　　　　　　　　　　　　　　　　　　　]

2　社会権としての文化権
[　　　　　　　　　　　　　　　　　　　　　　　　　　　　　　　　　　　　]

3　集団的権利としての文化権
[　　　　　　　　　　　　　　　　　　　　　　　　　　　　　　　　　　　　]

(5)「文化権」に関わる問題点を三つ挙げ、簡潔に説明しなさい。
[
1

2

3
]

(6)講師は、「文化権」に関わる問題を解決するためには、何が必要であると述べていますか。
[　　　　　　　　　　　　　　　　　　　　　　　　　　　　　　　　　　　　]

確認しておきたいことば：民族独立　植民地　ナショナリズム　多文化化　多様性　保障する　労働組合　団結権　ストライキ　侵害する　生活様式　文化観　普遍的　振興する

D 発展学習

1 あなたの国では、「文化権」はどのように扱われていますか。グループで話し合ってみましょう。
2 新しい人権としての「環境権」「発展の権利」「平和的生存権」とはどのような権利でしょうか。調べてみましょう。

先生からのメッセージ

文化は常に創造され、変革されていくものです。文化権は、自分の国、地域の文化的アイデンティティ、文化的伝統を守れというかたちで主張されることが多いですが、自分たちの文化を変革していく自由が不可欠であることを忘れないでください。

谷　和明

さらに学びたい方のために

▶ 青木 保（著）『多文化世界』岩波新書、岩波書店、2003年
グローバル時代における文化の多様な側面を、文化人類学研究者の経験を踏まえてわかりやすく述べています。

▶ 小林真理（著）『文化権の確立に向けて　文化振興法の国際比較と日本の現実』勁草書房、2004年
文化政策学という視点から、文化権の意義、必要性について詳しく論じた研究書です。

▶ Halina Niec(ed.); *Cultural Rights and Wrongs: A Collection of Essays in Commemoration of the 50th Anniversary of the Universal Declaration of Human Rights (Human Rights in Perspective)*. UNESCO 1998
文化権とはなにかを考えるための基本的な問題点を提示した11の小論を集めたもので、日本語訳はありませんが、文化権入門に最適な一冊です。英語版以外にフランス語、スペイン語版があり、UNESDOCサイトを通じて、閲覧できます。http://www.unesco.org/new/en/unesco/resources/online-materials/publications/unesdoc-database/

第 3 部

解説、ノート例

第1課　枕草子　（日本の古典文学）

1 解説

1 講義の特徴　日本の古典文学「枕草子」の最初の部分を取り上げ、作者の紹介、時代背景、本文の読解と鑑賞、文学としての価値など、いろいろな面から紹介している。

　なじみが薄い古典文学を、時代背景や作者のエピソードを紹介し、同時代の有名な作品と比較対照することによって説明。仮名遣いや文法が現代と異なる原文の読解を通して、作品が新しい美意識を提示していることを紹介し、そのおもしろさを現代の事例に置き換えて文学的価値を解説。親しみにくいと思われるものにいかに興味を持たせるかを工夫している。古典文学の現代に通用する普遍的な価値を示したいという気持ちが表れている。

2 資料　配付資料、スライド。
時代背景として「枕草子第一段」「藤原氏系図」「源氏物語との比較」
時代背景などの理解を助ける当時の絵、様子を示した写真など

3 ノートのために　いくつかの部分に分かれている。流れにしたがって、メモを取る。配付資料に固有名詞等があるので、かなを振ったり、自分で理解したことを書き込んでおく。今どの部分の話をしていて、どの資料を見るのかに注意して聞く。先生の伝えたいことを聞き逃さないようにメモする。

2 ノート例

```
1  背景
  ・『枕草子』　平安時代中期 1001年頃　最古の随筆（エッセイ）
  ・作者　清少納言　女房（女官）
  ・当時の状況
      藤原氏　娘を帝と結婚させ、その子どもを次の帝にする
          娘に優秀な家庭教師をつける
      道隆（兄）の娘　定子　一条天皇の中宮…　清少納言
      道長（弟）の娘　彰子　一条天皇の中宮…　紫式部
```

・中宮定子　賢い　清少納言も賢い　エピソードあり（枕草子に書かれている）
2　平安時代の女性文学
　　　清少納言『枕草子』「をかし」の文学　興味がひかれておもしろい
　　　紫式部『源氏物語』「あはれ」の文学　しみじみとした情感、感動
3　『枕草子』
　　　①類聚的章段　ものづくし　うつくしきもの　など
　　　②日記的章段　出来事
　　　③その他の随想的章段
4　「春はあけぼの」第一段
　　　「春はあけぼの」　あけぼの：夜明けの空が明るくなる様子
　　　「ようよう白くなりゆく」「やうやう」→「ようよう」：歴史的仮名遣い　だんだん
　　　「山際少し明かりて」　山際：山のアウトライン
　　　「紫だちたる雲の」　紫だちたる：紫に変化している
　　　「細くたなびきたる」　たなびく：雲などが横に細くのびてただよう
鑑賞
「春はあけぼのがすばらしい。だんだん明るくなっていく山の縁が少し明るくなって、
紫色に変化していく雲が横に細く伸びて漂っている」
→短い時間の移りゆく景色を切り取っている
春に続いて、夏、秋、冬
5　特徴
　　「春」と言えば梅、鶯、桜などが一般的　「あけぼの」は珍しい
　　　　→当時の美意識、価値観、常識にとらわれない新しい感覚
　　「夏」「秋」「冬」も同じ　普通と違うことをいいと言う
　　当時の常識や価値観にとらわれない新鮮な感覚が読者を楽しませる
　　　　→現代の人気エッセイスト、ブログなど
　　　　これまで気がつかなかったことに気づかせる
　　古典の時代　現代の人々の感覚に通じるものがある

第2課　巡回セールスマン問題　（数学）

1　解　説

1 講義の特徴　数学の先生が、コンピュータの計算能力について講義する。数学の分野のトピックを一般の人にもわかりやすく話してくれている。実際の数学の講義では、数式を解いていくことが中心になるが、ここでは日常生活の中から生まれた問題である、ある数学の問題が解けない理由を実際に簡単な数式を解いて証明し、その解決のためのコンピュータの発展の方向性を紹介している。

2 論証の方法　計算方法を示し、実際に計算してみることで、それが解決不可能な問題であることを示している。

3 資料　板書。重要な言葉、数学の問題の説明図、数式を板書。

4 ノートのために　なぜ解決不可能なのかは板書には出てこないので、先生の言った大事なことをしっかり書き留めておく。

2　ノート例

```
1  はじめに
     コンピュータにはある種の弱点がある  →今後の発展
2  コンピュータ
     1946年　ノイマンが考案  →小型化、高速化、低価格化
     スーパーコンピュータ（スパコン）　計算が速い
        日本のスパコン「京（けい）」　京：10の16乗（大きい数）1京の計算を1秒間
        に行える
3  「巡回セールスマン問題」
     コンピュータサイエンスに関する問題
     「ミレニアム問題」7つのうちの一つを一般化したもの　現在未解決
        問題：セールスマンが都市を回るときに一番短い時間で行ける経路は何か
     n都市　「階乗」n!／2
        27都市の場合、スパコンで計算しても1万7千年かかる　→解決できない
4  コンピュータでも解けない問題がある　解決法（アプローチの仕方）
     ①アルゴリズム（計算の手順）をどう改良するか
```

- 「近似解」（答えに近いもの）を求める
- 「粘菌」がどういう仕組みで最短距離を見つけているか
  - →アルゴリズムの改良につなげる（イグノーベル賞）
- ②コンピュータのハード面を変える 「量子コンピュータ」
  - 膨大な計算を瞬時に行うことができる

第3課　「思う」という言葉―「〜と思う」と「〜と思っている」―（日本語学）

1　解説

1 講義の特徴　言葉についてのある現象の不思議さ、問題点を指摘し、それを解説する。

　日本語学習者は言葉の使い方に納得し、使いわけができるようになること、母語話者は母語の中の法則を見出し、説明できるようになることを目的とする。アンケート調査を資料として用い、母語話者の解釈を示している。それをもとにして分析、考察して、一見法則がないように見えるところに法則を見出して、示す。

2 論証の方法　母語話者へのアンケート結果と例文を用いて、使い分けの法則を導く。

3 資料　配付資料、スライド。
アンケート調査の結果の表、考えるための問題。

4 ノートのために　身近な問題だが、論証は抽象的でよく考える必要がある。説明でわかったところをメモしておくとよい。

2　ノート例

44ページ参照

第4課 「子どもを産まない」という行動がなぜ進化したか？ ―ハチの社会性の進化― （生物学）

1 解 説

1 講義の特徴 最初に生物学上の一つのテーマである「進化論」に通じる問題を提示する。その問題の謎は何か、そして、最近その謎がどのように考えられているのかを研究成果をもとに示す。

2 論証の方法 ハチのライフサイクルの観察から導きだされる考察をもとに論を展開する。

3 資料 配付資料、スライド。
説明の重要な部分は配付資料にあるので、補足説明を書き込んでいく。

4 ノートのために 講義のテーマと、それが問題と考えられる理由をメモに取っておく。問題の説明は全く別の角度（ライフサイクル）から入るので、これが問題の解決にどうつながるかを意識しながら聞く。

2 ノート例

```
1  はじめに
     ハチの研究　巣の中の女王バチ、働きバチ、血縁関係など調査
2  テーマの紹介、前提となること
     テーマ：「子供を産まない」という行動がなぜ進化したか？
     前提：私たちは皆子孫を残した祖先の末裔である
          →子どもを残すことで遺伝子が引き継がれる
3  具体例　なぜこの問いが成立するのか
     アシナガバチ　女王バチと働きバチ　共同で子育て
               働きバチ：全部メスだが子どもを産まない
        →働きバチの働くという遺伝子は次の世代に伝わらないのか
     スズメバチ　子ども（卵）を産む女王バチと産まない働きバチ（メス）
        →なぜメスなのに子どもを産まないという行動があるのか
          子どもを産まないという遺伝子は伝わらない？　謎
```

4 社会性昆虫
　　繁殖に関する分業　女王バチ　繁殖にかかわる
　　　　　　　　　　働きバチ　巣の管理などの仕事　繁殖にかかわらない
　→働くだけで子どもを残さない働きバチの働くという遺伝子はどのように伝わるのか
　　　ダーウィンにとっても謎　「進化論」を揺るがす？
5 アシナガバチの1年のライフサイクル
　　春　女王バチが巣作りを始める　働きバチを次々に産む
　　夏　働きバチの数が増える
　　秋（繁殖期）　オス、新しいクィーンが羽化して飛び立つ
　　　　　　　結婚飛行　交尾するためだけに生まれたオスと交尾
　　冬　交尾した新しいクィーンが越冬
　　春　巣作りを始める
6 働きバチの謎の解明
　　働きバチと新しい女王バチはどちらもはじめの女王バチ（同じ母バチ）の子ども
　　働きバチと新しい女王は同じ遺伝子を持っている確率が高い
　　働きバチの働くという遺伝子のコピーは新しい女王（クィーン）を通じて次の世代へ
7 まとめ
　　働きバチの謎　昔：自然選択理論では説明できない
　　　　　　　　　最近：これこそ自然選択を説明する例の一つ
　　働きバチ：直接自分の子どもは残さないが妹バチを新女王になるように育て上げる
　　　　　→間接的に遺伝子を後世に残す
★協力して女王バチを助け営巣のために働くことによって巣全体の利益が大きくなる
　　→役割を分業し協力することで子孫を効率的に残す　自然界の仕組みが巧みに機能

第5課　外国人児童生徒と日本語教育　（日本語教育）

1　解　説

1 講義の特徴　現在の社会的な問題を公的なデータを使って紹介し、解決するための方策を学説をもとに提案する。

2 論証の方法　統計データから現状を明らかにし、第二言語習得の理論から効果的な教育方法を導き出し、提案する。

3 資料　配付資料、スライド。
「統計データ」「第二言語習得の理論を図示したもの」

4 ノートのために　配付資料に追加の解説のメモを取ることでノートが完成する。キーワード、キーセンテンスは書かれているので、マークしておく。

2　ノート例

```
1  現状
    ①在留外国人の推移　←グラフ
      1990　入国管理法改正　外国人増加　2008　200万人超　2015　223万人
    ②外国人児童生徒の増加　←グラフ
      日本語指導が必要な児童生徒数
      2016年　34000人　小学校が一番多い
    ③母語と日本語
      ポルトガル語（4分の1）、中国語、フィリピノ語、スペイン語（以上で8割）
      日常会話ok　学習言語は不足、学習活動に参加が難しい
    →今回のテーマ　日本語指導が必要な外国人児童生徒　問題と今後

2　外国人児童生徒を取り巻く課題
    ①子どもたちの多様性（言語、文化、習慣、母語）
      多様な言語背景、文化背景　学力も多様化
    ②受け入れ態勢
      学校側の問題：ある日突然外国籍の子どもが入学してくる　日本語が通じない
      日本語指導、コミュニケーション、教師、通訳、予算、すべてが課題
```

③日本語をどう教えるか、教材教具など

3　異文化で育つ子どもたちの第二言語習得
　①2言語を学ぶ子どもたちの頭の中（思考力、認知力）
　　　昔の考え方：二つの言語の言語能力は別々　関係ない　2言語バランス説
　　　最近の研究：第1言語で獲得した知識能力は第2言語に関係　2言語共有説
　　　一つの「思考タンク」に二つの言語のチャンネルを持つ
　②氷山説（カミンズ）
　　　表層面に見える母語の山は高く、日本語の山は低い
　　　深層面の思考タンク（思考力、想像力、推測力、学力）⇒　潜在能力として存在
　　★日本語学習の支援はここを活用

4　教科学習での言語能力のタイプ
　　言語能力：場面依存度、認知力必要度　→資料　図
　①場面依存度高：体育、実技、図工、算数、理科
　　　　　　　低：社会、国語、文学（言語情報に頼る）
　②認知力必要度（頭を使わなければならない度合い）
　　　　　　低：挨拶、体験したこと、自分自身のこと
　　　　　　高：算数、理科、社会、国語、文学　←注目！（難しい）
　　　一つの言語で学んだ知識は新たに学ぶ言語学習に使用可能

5　指導方法
　　第一言語で獲得した潜在能力や思考力の活用→母語の知識を活用
　　　　　　　　　　　　　　　　　　→場面や言語以外（写真や実物）の助け
　　　　　　　　　　　　　　　　　　→事前に母語で内容を教えておく

6　まとめ
　　彼ら彼女らがグローバル社会における日本の将来を担っていく大きな原動力となる
　　子供たちの果たす役割は無限の可能性を秘めている
　　→日本語教育は外国人児童生徒の文化的な生活や社会参加を実現させる重要な役割
　　　外国人児童生徒の受け入れ態勢を推進していくためには"ALL JAPAN"で取り組む

第6課　量子の世界―不思議な二重性―　（物理学）

1 解説

1 講義の特徴　この講義は物理学のトピックを一般向けにわかりやすく紹介したものである。専門科目の物理学の講義中に使用される専門用語や数式を、この講義では極力用いないようにして、文系の学習者にも理解できるように工夫されている。量子物理学の不思議な世界を身近なものや例を使って理解させようとした工夫溢れる講義である。

2 論証の方法　「波」と「粒」の性質について解説し、二重性を持つ「量子」について実験結果を用いて理解させる。

3 資料　スライド、実験動画、図表、アニメーション。

4 ノートのために　専門家でない一般受講者は、講師の伝えたいと思っているテーマ「不思議な二重性を持った量子の世界がある」ということが理解できればよい。それがどのように証明されるか、波と粒がどのように違うのか、理解したことをメモしておくとよい。

2 ノート例

省略

第7課　日本は「国土が狭くて人口が多い」という神話　（思想史）

1　解説

1　講義の特徴　一つの「常識」と言えるようなよく聞かれる言説が、実は事実にもとづくものではなく、ある特定の人々がある考えにもとづいて主張したものであるということ、またその言説がある時代のなかでどのように使われたかを謎解きのような手順で示す。歴史の中でも「思想史」というジャンルであるため、歴史的な事実と合わせ、その時代の文献そのものを資料として読み込み、分析、解説していく。

2　論証の方法　歴史的な文献から、人物像、出来事、時代背景を読み解くことにより、論を立て、それを証明するような歴史的事実で補強する。

3　資料　人名、書名、書かれた文章、歴史的事実の書かれた配付資料。

4　ノートのために　配付資料には大まかな流れは書いてあるが、話の順序と時間の流れが異なるため、ダーウィンとマルサス、そして志賀重昂の論理展開の順序と関係、数ある戦争と移民の関係など、わかるように配付資料に書き込んでいく必要がある。Cにあるような年表で整理しておく。「まとめ」に簡潔に答えられれば全体が理解できたことになる。聞いてしっかりメモを取ること。

2　ノート例

```
テーマ：日本は「国土が狭くて人口が多い」のか？
    日本は人口の多い国か？　yes
    日本は国土の狭い国か？　？？？
  →「日本は国土が狭くて人口が多い」は事実ではない　ある「見方」

I   志賀重昂（しがしげたか）とダーウィン
    1918年『世界当代地理』　地理学者
   「国土が狭いにもかかわらず、人口が急激に増えている。日本人はいったいどうやっ
    て生活していけばよいのか。」
       若いころから　日本の移住先を海外に探すために地理学者になった
       20代前半　南太平洋航海
```

ダーウィン『ビーグル号世界周航記』（尊敬）
          「生存競争」
         ←マルサス『人口論』　人工は等比級数的に増加　食料は等差級数
          人口が増えすぎる→貧困→貧しい人は子孫を残せない
          ダーウィン　生物界に応用　→「生存競争」

2　明治時代の日本
     19世紀後半「文明開化」　人口も増える　どうするか
     航海後『南洋時事』(1887) 国土は大きくならないため、人々の生活をどう守るか
     →移民の奨励　組織も作る

3　戦争と「狭い国土」の神話
     論の普及　戦争の正当化に利用
     日清戦争　徳富蘇峰（有名なジャーナリスト）『大日本膨張論』
           狭い国土に増える人口　今後国土を二倍に拡大する必要
     日露戦争　日本の国土は人口に対して狭い
           →増える人口のために満州（中国東北部）が必要
           →そのためにロシアを満州から追い出す必要がある
     「満州国」を作る　日本を守るためだけでなく、人口問題を解決するためにも

4　まとめ
     いつ：1890年代初め　移民奨励組織が設立
     どのような事情で：人口が急増　ダーウィンの「進化論」により不安←志賀重昂
     どのように広まったのか：戦争を正当化するために利用
           狭い国土に多すぎる人口→国土を広げる必要がある　という論理

第8課　文化を読み解く――ホフステードの研究から「不確実性の回避」――（異文化理解）

1　解説

1 講義の特徴　新しい概念の定義、具体例を解説する。新しい概念が具体的にどのように表れているかを示す。さらに、その概念の位置づけ、枠組みを具体例とともに示し、同時に気をつけるべきことについて示している。

2 資料　配付資料、スライド。
ホフステードの研究に沿って、重要な点を抜き出し、まとめ直したもの。

3 ノートのために　概念の位置づけ、概念そのものの理解、注意点を理解する。配付資料は講義の組み立て、流れ、用語、まとめがすべて書かれているので、自分自身の理解を書き込んでいく。この概念で説明できる事例を挙げることができれば講義が理解できたと言える。

　この講義は最初に作られたスライドに沿って話をしているが、話している内容すべてがスライドにあるわけではなく、グラフも抜粋であって、話している内容が書かれていないものもある。スライド資料にないものは聞きながら書き込んでいかなければならない。作成した資料にはないものを受講者やそのときの状況などによって付け加えたり、変更したりすることもよくあることであるので、その部分は自分でメモをしておく。

2　ノート例

0　「ホフステードの研究」
　　国民文化の違い　問題の解決方法が国によって異なる四つの文化の次元
　　文化（考え方、感じ方、行動の仕方）：メンタルソフトウェア
　　1980『経営文化の国際比較』→ 2010『多文化世界　第三版』
　　「不確実性の回避」調査結果で、国の相対的な位置づけには大きな変化がない

1　「不確実性の回避」
　　「不確実性の回避」人々があいまいさや未知の状況に対して脅威を感じる程度（定義）
　　強い社会：不確実さは取り除かなければならない

　　　　　ストレス　強　不安感　高い
　　　　　法律、規則　多　　汚いもの、タブー　×
　　　　　規則はあった方が安心　いつも忙しく働く　違うことは危険
　　弱い社会：確実でないことを受け入れる
　　　　　ストレス　低　不安感　低　　汚いもの、タブー　OK
　　　　　規則は変えてもいい　違ってもいい
　日本：強い　（76のうち11番目）
　　　強い　ギリシャ、中南米、ポルトガル、フランス、スペイン、韓国
　　　弱い　カナダ、アメリカ、イギリス、インドネシア、フィリピン、シンガポール
　　　≠「個人主義／集団主義」

2　不確実性の回避の強さの表れ
　　ドイツ（強い）目標がはっきり、細かい課題、時間割　ただ一つの正解
　　イギリス（弱い）目的があいまい、幅広い課題、時間割なし　独創性が評価
　　強い国：教師は何でも答えられる　研究上の意見が対立→友人ではない
　　弱い国：教師も「わからない」OK　研究上の意見と友人関係は別
　　日本社会で見られる不確実性の回避の強さの例
　　「規則が多い」「融通がきかない」
　　→学校の細かい規則　お祝いの贈り方の決まり
　　　カーブミラー　合流地点で譲り合う　電車やバスは時間通り
　　　従業員も経営者も長期雇用を望む
　　→アメリカ（弱い国）就職する若者には即戦力を望む、よりよい職場あれば転職

　まとめ
　　「個人主義と集団主義」の違いも　個人主義的文化　情報は言葉で
　　集団主義的文化　言葉でなくても（暗黙の了解）
　　→文化を読み解くためには複数のフレームワークが必要
　　気をつけること
　　「すべては相対的」　日本が個人主義に見えることも
　　「ステレオタイプ化しない」　個人によって違う

第9課　食料自給率から見た日本の食生活の変化（食をめぐる近現代史）

1　解　説

1 講義の特徴　統計資料を読み解き、歴史的事実を提示することによって、歴史的な変化とその背景を探る。各時代の状況を新聞記事などで裏付けをしながら、時代背景、時代の要請を示している。最後にこの内容から導かれることについての先生からのメッセージがある。

2 論証の方法　統計資料の読み解き、歴史的事実の裏付け。

3 資料　配付資料、スライド、重要な言葉の板書。
統計資料、新聞記事。

4 ノートのために　構成がしっかりし、部分ごとに言いたいことがしっかりまとめられた講義だが、配付資料としてはグラフなどの資料だけで、他の講義のような概要を示したレジュメやスライドが特になく、聞くと同時に多くの事実やその関係等をノートに書いていかなければならない。部分ごとのまとめを考えながら、あとからでいいので番号をつけ、項目ごとのまとめの言葉を入れておくと構成が理解しやすい。板書された言葉はキーワードでもあり、特に最後のメッセージで挙げた四字熟語は明言はしていないがこの講義から導かれるもので、なぜその意味が紹介されたかが理解できなければならない。

2　ノート例

```
テーマ：日本の食生活の変化を食料自給率の変化を通して考える
1) 食料自給率
1) －1　食料自給率の定義
　食料自給率とは食料をどれだけ国内で賄（まかな）えているかを示す数字
　(1) カロリーベース食料自給率　→よく使われる
　(2) 重量ベース食料自給率
　(3) 生産額ベース食料自給率
1) －2　日本の食料自給率にまつわる問題
　2006年（平成18年）39パーセントに（カロリーベース）　→衝撃
```

毎日新聞「食料小国ニッポン　自給率39パーセントの現場」という特集

政府目標 2015年までに45パーセント　→難しい目標、達成できず

1)-3　他の国の食料自給率（2011年）

　　韓国　　41パーセント（2013年）

　　フランス　129パーセント

　　アメリカ　127パーセント

　　ドイツ　　92パーセント

　　イギリス　72パーセント

　　フランス、イギリス、ドイツ低かった自給率を上げる

2)日本における食料自給率の変化　1960年から2015年

（配付資料1）　一人一年あたりの米の消費量も参考に

2)-1　資料から読み取れること

　1965年から2015年のカロリーベースの食料自給率の低下

　一人一年あたりの米消費量の減少がパラレルな動向

　（資料参照）消費：一人一年あたり米（主食）消費量

　　　　　　ピーク：昭和37年 1962年 130.4キロ

　　　　　　→2015年 56.9キロ　半減

　　　→カロリーベース食料自給率　同じように減少

2)-2　米の消費量の減少と食料自給率の減少とのかかわり

　生産側（農業生産を取り巻く諸状況）の事情

　　1970年からの減反政策　水田面積の30パーセント以上米を作っていない

　　GATT関税等貿易の一般協定、WTO世界貿易機関、→農産物の輸入自由化

　食生活の変化（消費側の状況）　資料3　国民一人一日あたり供給熱量の推移

　　1965年　昭和40年の一人一日あたり供給熱量 2,459キロカロリー

　　1980年　昭和55年：2,562キロカロリー、

　　　　　　2011年（平成23年）：2,436キロカロリー

　　米（主食）の占める比率

　　　　　1965年　44.3パーセント→2011年　23.1パーセント

　　　小麦　1965年 11.9パーセント→2011年 13.5パーセント

　　　　1.6パーセント増でも意味　大

　　　小麦の自給率　28パーセント→11パーセント

　　　畜産物　65年 6.4パーセント→2011年 16.3パーセント

　　　　砂糖　一時増えたが健康志向で減る　「糖分控えめ」
　　　　油脂類　1965年 6.5パーセント→2011年 14.0パーセント
　　（結論）主食（米）→肉類や乳製品などのタンパク質の食品が代替していった
2)－3　状況と背景
　　戦後の食生活の変化「米食」から「粉食」への変化
　　　副食（おかず）の比重　上がる　お米の比重下がる
　　　高度経済成長期：生活が豊か　副食の比重が増える　消費生活が非常に豊かに
　　　　要因：給食　アメリカの食料戦略もかかわる
　　　　　　→副菜副食の変化を伴う
　　その背景
　　　米食に関する言説：米に偏った食生活からの脱皮
　　　　　強調された時期（米が過剰になる以前）あり　その後米が過剰に
　　　アメリカからの小麦の供給
　　　　→国内での小麦生産の減少
　　　　　小麦自給率 1960年 39パーセント　その後急激に低下
　　　外食産業の普及、1970年くらいから

3)まとめ
　　食料自給率の変化と食生活の変化が深くかかわっている
　　　（食生活の変化が食料自給率から見て取れる）
　　戦後の日本の食生活の変化：
　　　主食である米の比率が減り、パンが増え、タンパク質が代替
　　　それに見合ったような食生活に　（生活の豊かさとも関連）
　　　（牛肉等の輸入の自由化、国際的な農産物の自由な移動）
　　「飽食」の時代　「食」は「いのちの糧」　変化について考えたい

4)伝えたい言葉
　　「身土不二」　人間の体と土は密接にかかわっている
　　自分の生まれ、生活している風土からとれたものを食べて健やかな生活をしていく

第10課 「文化権」―人権のシンデレラ―
　　　　（社会文化学）

1　解 説

1 講義の特徴　抽象的な概念についての講義だが、概念そのものも難しく、前提となる知識も必要で、具体例がイメージしにくいと概念の理解にも影響があるという、難易度の高い講義。しかし、流れや用語がスライド、配付資料で提示されているので、それをうまく使って概念を整理する。

2 資料　配付資料、スライド。

3 ノートのために　スライドがわかりやすく、番号も入っているため、それを書き写すだけでもきれいなノートになる。配付資料にない具体例を自分で書き込んで理解の助けにする。

　この講義は実際の講義に近いもので、講師は言い間違いもあり、また、資料にあることの説明が十分でないところもあったりする。資料の中でどの部分を詳しく説明していくかは、その場の雰囲気や学習者の反応を見ながら行っているので、その場で話されなかったことがあっても、配付資料で補って整理することになる。

2　ノート例

省略

執筆者紹介

坂本　惠　　日本大学文理学部　教授
　　　　　　（第1部、第2部第3課、第8課、第9課、第3部担当）

　　　　　　編著書に『日本をたどりなおす29の方法 国際日本研究入門』東京外国語大学出版会、2016年、『敬語表現』大修館書店、1998年、『はじめての専門書』凡人社、1987年など
　　　　　　執筆に『留学生のためのアカデミック・ジャパニーズ 聴解 上級』2015年、『同 中上級』2014年、『同 中級』2013年、スリーエーネットワーク

寅丸真澄　　早稲田大学日本語教育研究センター　准教授
　　　　　　（第2部第1課、第7課、第10課担当）

　　　　　　著書に『学習者の自己形成・自己実現を支援する日本語教育』ココ出版、2017年、「日本語の教室における意味の構築とアイデンティティ形成—ことばの意味世界を共同構築する〈私〉〈他者〉〈教室コミュニティ〉」『言語教育とアイデンティティ』細川英雄（編）、春風社、2012年、「講義の談話のメタ言語表現」（共著）『講義の談話の表現と理解』佐久間まゆみ（編著）くろしお出版、2010年

松田みゆき　コチ理工大学客員講師、まつえりあ日本語ボランティアグループ代表
　　　　　　（第2部第1課、第2課、第3課、第6課担当）

　　　　　　執筆に『直接法で教える日本語』（分担執筆）東京外国語大学出版会、2009年

山田しげみ　東京外国語大学オープンアカデミー講師
　　　　　　（第2部第3課、第4課、第5課担当）

　　　　　　執筆に『直接法で教える日本語』（分担執筆）東京外国語大学出版会、2009年、『日本語教育用TVコマーシャル集 2003』『同 2005』佐久間勝彦（監修）、国際交流基金国際日本語センター制作事業課、『QUESTION OF USAGE』（日本語コラム）THE DAILY YOMIURI 読売新聞社、2002年4月〜2014年3月
　　　　　　著書に『JAPANESE NOW』（共著）荒竹出版、1993年、『日本語教育能力検定試験傾向と対策 Vol.1』（共著）バベル・プレス（株式会社バベル）、1993年

編著者
東京外国語大学留学生日本語教育センター

イラスト
内山洋見

装丁・本文デザイン
Boogie Design

留学生のためのアカデミック・ジャパニーズ
動画で学ぶ大学の講義

2019年 3月28日　初版第1刷発行
2023年11月28日　第 3 刷 発 行

著　者　東京外国語大学留学生日本語教育センター
発行者　藤嵜政子
発　行　株式会社スリーエーネットワーク
　　　　〒102-0083　東京都千代田区麹町3丁目4番
　　　　　　　　　　トラスティ麹町ビル2F
　　　　電話　営業　03（5275）2722
　　　　　　　編集　03（5275）2725
　　　　https://www.3anet.co.jp/
印　刷　萩原印刷株式会社

ISBN978-4-88319-789-7　C0081
落丁・乱丁本はお取替えいたします。
本書の全部または一部を無断で複写複製（コピー）することは著作権法上での例外を除き、禁じられています。

スリーエーネットワークの中上級日本語教材

留学生のための
アカデミック・ジャパニーズ
東京外国語大学留学生日本語教育センター ● 編著

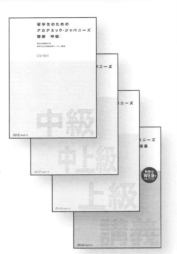

聴解中級 B5判 85頁+別冊32頁(スクリプト・解答) CD 1枚付
2,200円(税込) (ISBN978-4-88319-641-8)

聴解中上級 B5判 87頁+別冊35頁(スクリプト・解答) CD 1枚付
2,200円(税込) (ISBN978-4-88319-687-6)

聴解上級 B5判 85頁+別冊59頁(スクリプト・解答) CD 2枚付
2,200円(税込) (ISBN978-4-88319-716-3)

動画で学ぶ大学の講義
B5判 113頁+別冊68頁(スクリプト・解答例)
2,200円(税込) (ISBN978-4-88319-789-7)

アカデミック・ライティングのための
パラフレーズ演習
鎌田美千子・仁科浩美 ● 著

B5判 74頁+別冊解答15頁(解答例) 1,540円(税込) (ISBN978-4-88319-681-4)

留学生のための
ジャーナリズムの日本語
-新聞・雑誌で学ぶ重要語彙と表現-
一橋大学国際教育交流センター ● 編　澁川晶・高橋紗弥子・庵功雄 ● 著

B5判 130頁+別冊7頁(解答) 2,200円(税込) (ISBN978-4-88319-715-6)

アカデミック・スキルを身につける
聴解・発表ワークブック
犬飼康弘 ● 著

B5判 141頁+別冊(表現・スクリプト) 54頁
CD 1枚付 2,750円(税込) (ISBN978-4-88319-426-1)

スリーエーネットワーク

ウェブサイトで新刊や日本語セミナーをご案内しております。
https://www.3anet.co.jp/

留学生のための
アカデミック・ジャパニーズ
動画で学ぶ大学の講義

東京外国語大学
留学生日本語教育センター編著

スクリプト、内容確認問題の解答（例）

第1課

枕草子

スクリプト

　枕草子。

　日本の古典文学を読む。本日は「春はあけぼの」清少納言『枕草子』をやります。

　清少納言の『枕草子』は平安時代中期に成立した、日本で最古の随筆です。だいたい西暦1001年頃です。随筆というのは、思ったことや感じたことなどを書いたエッセイのようなものです。

　では、第一段。これは『枕草子』の一番最初の文章です。「春はあけぼの。ようよう白くなりゆく山際、少し明かりて、紫だちたる雲の細くたなびきたる」意味はあとから詳しく述べます。

　作者について。作者は清少納言。これは本名ではありません。本名や生没年、生まれた年、亡くなった年などはわかっておりません。彼女は宮中に仕える「女房」という仕事をしておりました。女房というのは身分の高い女官のことで、宮中に部屋をもらっていた、ということから、「女房」という名前の仕事とされていました。彼女の父は清原元輔という学者で、歌人として(有名な)、当時有名な人でした。この図は江戸時代に描かれたものですが、この図の一番上にいる、やや緑色の衣装を着た女性が清少納言、を後に江戸時代に描いたものです。これは藤原氏を中心とした系図なのですが、藤原氏というのが平安時代中期の最も有力な氏族でした。で、彼らが権力をどんどん強めていった背景には自分の娘と帝とを結婚させ、そして、その娘の子が次の帝になる、それが、最も権力を強めていく手段の一つとして選ばれていました。で、自分の娘の子が次の帝になるためには、自分の娘を教育する、優秀な娘を育てるということが大事になってきます。そのため、自分の娘に優秀な女房を家庭教師のようにつけていきました。では、藤原氏の人物関係図を見てほしいのですが、藤原兼家には他にも息子は何人もいるのですが、藤原道隆、道長。道隆が兄で、道長が弟です。道隆の娘で定子というのが一条天皇の中宮に入りました。中宮というのは天皇の奥さんの高い位を示します。中宮定子には清少納言が仕えました。

弟の藤原道長のほうは彰子という娘がいて、で、彼女も一条天皇の中宮に入りました。彰子には紫式部をはじめとするさまざまな女房が仕えました。
　中宮定子もとても賢い女性でしたが、清少納言が非常に賢かったエピソードを一つ紹介したいと思います。先ほどの図ですが、「枕草子」これは全部で約300段あるのですが、その終わりの方、第二九九段、「雪のいと高う降りたるを」という段があります。そこには、まあ、かいつまんで話しますと、ある雪の降った日に中宮定子が清少納言に向かって「少納言よ、香炉峰の雪はどうでしょう。いかならん、どうでしょうか」というふうに質問したところ、清少納言は黙って立って、御簾、すだれですね、絵の上のほうにありますが、すだれをあげて見せた。この図のように。というエピソードです。「香炉峰の雪、いかならん」という、謎めいた言葉ですが、これは、中国の唐代の詩人、白楽天という、白居易という詩人がいますが、彼の詩の中に、「遺愛寺の鐘は枕をそばだてて聞き、香炉峰の雪はすだれをかかげて見る」という一節があって、清少納言はそれを踏まえて、しかも定子の質問に無言で立って、立ち上がってすだれをあげてみせるという、とても賢い振る舞いをしたというエピソードです。で、彼女の機転の利いた応え方に人々が感心しました、というところまで書かれているのですが、こうしたことを自分の書いている枕草子という作品の中に書いてしまうっていうところが、また、清少納言の素直というか、天真爛漫というか、そういう性質を考えさせられます。
　こうした宮中の中で平安時代の女性文学を代表する作品が生まれてきます。一つ目は清少納言の『枕草子』。1001年頃。これは先ほど述べたように随筆です。後にこの文学は「おかし」の文学と評されます。「おかし」とは「興味がひかれておもしろい」、清少納言が自分が興味がひかれておもしろいと思ったものをピックアップして、紹介していることから、「おかしの文学」とされました。もう一つ代表的なのが紫式部の『源氏物語』です。これは『枕草子』よりやや遅れて1008年頃の成立です。長編の物語文学です。後に「あわれ」の文学、と評されます。「あわれ」とはしみじみした情感や感動のことで、源氏物語の中によく「あわれなり」というふうに描かれることからこのように評されました。
　では、『枕草子』の中身に入っていきます。『枕草子』はさまざまな内容のエッセイがあるのですが、大きく三つの種類に分けられます。一つは「類聚的章段」という、「ものづくし」と言われるものです。「うつくしきもの」とか、「鳥は」など同じ種類のものを集めて批評したもので、これが、『枕草子』の特徴の一つともなっています。二つ目は『日記的章段』。日々起きたことを、出来事などを日記のように綴ったものです。三つ目は「ものづくし」でもなく、「日記的」でもない、「その他の随想的章段」というふうにまとめられています。

では、第一段「春はあけぼの」の内容を見ていきましょう。もう一度読みます。「春はあけぼの。ようよう白くなりゆく山際、少し明かりて、紫だちたる雲の細くたなびきたる」。写真がありまして、この写真のような風景です。語句の意味を見てみます。「春はあけぼの」の「あけぼの」とは何か、というと、「夜明けの空がほのかに明るくなる様子」です。今でも「ほのぼのと」というような、言い方をしますが、「ほのぼのと明るくなっていく様子」です。「ようよう白くなりゆく」の「ようよう」ですが、これは、まあ、「やうやう」と書いてあるということに気づくと思いますが、これは「歴史的仮名遣い」で、音では「ようよう」と読みます。「だんだん」や、「次第に」という意味の言葉です。「山際少し明かりて」の「山際」というのは、「山の稜線、アウトライン、空との境界線」のことです。「紫だちたる雲の細くたなびきたる」の「紫だちたる」ですが、これは「紫」という色と「立つ」という動詞を合わせて、「紫色に変化している様子」を示します。「たなびく」とは、「雲などが横に細くのびてただよう様子」のことです。

　それではこれらの語句の意味を踏まえて、もう一度鑑賞してみましょう。「春はあけぼの」非常に短い言葉ですが、今でも「花は桜」などというように、「春」と言えば、「あけぼのがすばらしい」という意味の言葉です。「春と言えばあけぼのがすばらしい」「ようよう白くなりゆく山際」「だんだんと白く」。「白く」というのは色が白いという意味もありますが、「明るく」という意味もついています。「だんだん明るくなってゆく山の縁が、少し明るくなって」。「紫だちたる雲の細くたなびきたる」、「紫色に変化していく雲が細く横にのびてただよっている」という意味です。ちょうどこの写真の図のような景色です。

　こうした春の朝の非常に短い時間の移りゆく景色というのを清少納言は切り取って紹介している、ということがわかると思います。

　「春はあけぼの」に続いて「夏は夜」、「秋は夕暮れ」、「冬はつとめて」というふうに続きます。これは内容は詳しくやりませんが、一度読みたいと思います。「夏は夜。月のころはさらなり、闇もなお、蛍の多く飛びちがいたる。また、ただ一つ二つなど、ほのかにうち光りて行くもおかし。雨など降るもおかし」「秋は夕暮れ。夕日のさして山の端、いと近うなりたるに、烏の寝どころへ行くとて、三つ四つ、二つ三つなど飛び急ぐさえあわれなり。まいて雁などの連ねたるが、いと小さく見ゆるは、いとおかし。日入りはてて風の音、虫の音など、はた言うべきにもあらず」「冬はつとめて。雪の降りたるは言うべきにもあらず、霜のいと白きも、またさらでもいと寒きに、火など急ぎおこして、炭持て渡るも、いとつきづきし。昼になりて、ぬるくゆるびもていけば、火桶の火も白き灰がちになりてわろし」。

　「春はあけぼの」と清少納言は述べましたが、「春」と言えば「あけぼの」と答えるのは非常に珍しくて、当時の和歌などによく詠まれた「春」と言えば「梅や鶯、桜、春

霞など」が挙げられます。そうした当時の美意識、価値観や常識にとらわれない新しい感覚が「春はあけぼの」という指摘にあると思います。同様に夏、清少納言は「夏は夜。月のころはさらなり、闇もなお、蛍の多く飛びちがいたる」と続きますが、「夏」と言えばやはり当時の歌でよく詠まれたのは「時鳥や橘、夏草」といったものなのですが、清少納言はあまり人々が注目しないものにあえて注目してみせる、ということをしています。秋もそうです。「秋は夕暮れ」というのは、今ではいろいろな歌などにも詠まれておりますし、人々は「秋は夕暮れ」というのは価値観として身についてしまっているのですが、当時の歌などを調べた方がいまして、やはりその、『古今和歌集』などピックアップしてみると、多いのは、「紅葉、菊、月」といったもので、夕暮れを指摘しているものは非常に少ない。で、烏や雁などという、清少納言がその後の価値観を作ったとも考えていいと思います。「冬はつとめて」。「つとめて」というのは「早朝」のことです。冬の朝の寒い、朝早く。雪の降った翌朝のことなんですが、これは人々が寒くてもうあまり出たくない、外など見たくないというような時間なのではないかと思うのですね。で、当時の歌などにも多いのは、「雪」「冬枯れ」といったもので、早朝の宮中の慌ただしさを「いとおかし」というふうに表しているのは非常に珍しいと思われます。

　このように『枕草子』には当時の常識や価値観にとらわれない新鮮な感覚というのが随所に表されていて、それが当時の読者を楽しませたのだと思われます。私たちも現代、人々があまり普段気にしない物事のおもしろさに気づかせるような文章、新鮮な感覚の文章というのがよくありますが、人気エッセイストの文章とか、ブログですとか、あとコラムなどですね。で、これが自分が気づかなかったことに、はっと気づかせる、ということで人々の心を打つということがよくあると思います。古典の時代も時代は違いますが、人々の感覚には通じるものがあると思います。

　では、最後にもう一度鑑賞しましょう。「春はあけぼの。ようよう白くなりゆく山際、少し明かりて、紫だちたる雲の細くたなびきたる」。

　これで『枕草子』を終わりにします。

　注）このスクリプトは現代仮名遣いで表記しました。

C　内容確認問題　解答

(1) 1　×　　2　×　　3　○　　4　○　　5　○

(2) 1　（清少納言は、）「をかし」の文学と評される『枕草子』という随筆の作者である。藤原道隆の娘である中宮定子に仕えた。

2 (紫式部は、)「あはれ」の文学と評される『源氏物語』という物語の作者である。藤原道長の娘である中宮彰子に仕えた。

(3) 娘が帝と結婚して子供を産み、その子が次の帝になると、さらに強い権力を手に入れることができる。そのためには、帝と結婚できるような優秀な娘を育てることが大事だったから。

(4) 当時の美意識では、春と言えば、梅や鶯、桜、霞などであり、和歌などによく詠まれた。しかし、『枕草子』では、これらの価値観や常識にとらわれず、「あけぼの」を挙げ、春の魅力を指摘した。この感覚が「春はあけぼの」の新しさである。

第2課

巡回セールスマン問題

スクリプト

　はい。皆さんこんにちは。私は甕といいます。留学生に日本語で数学を教えています。
　今日は、コンピュータについてお話をしたいんですけども、コンピュータは非常に万能で何でもできる、というイメージを持っていると思いますが、実は、ある種の弱点がある、ということについてお話ししながら、今後のコンピュータの発展について、ちょっと考えてみたいと思います。

　現在のコンピュータは1946年[*1]に数学者のジョン・フォン・ノイマンが考案したものが、原型となっています。ですから、ここに書いてありますように、「ノイマン型」というふうに、呼ばれているわけです。それで、その後、特に技術が進歩して、小型化とか、高速化とか、低価格化が進みましたので、もう現在、至る所に普及しています。ですから、コンピュータなしということは考えることはできません。コンピュータは別名「電子計算機」っていうふうに呼ばれていますが、「計算機」という名前がついての通り、計算が大変素早くできるということから来ているわけですね。特に、高速の計算を大量にできる、というコンピュータは、ここにありますようにスーパーコンピュータというふうに呼ばれています。スーパーコンピュータ、最近は省略して、スパコン、というふうに呼ばれていますけども、これは、現在は本当に、ビッグデータの解析とか、薬の開発とか、その他いろいろなシミュレーション等に活用しています。そしてこの能力ですね、この計算能力は、国家的なプロジェクトとして、世界中で、競争が大変激しく行われているものです。日本ではスーパーコンピュータとして、一番高性能なのは、ここに書いてあります「京」というものですね。[*2] これは2012年に、開発されたものです。えー、これは、なぜ「京」という名前がついているかといいますと、これはも

[*1] 諸説あります。
[*2] グラフ解析の性能を競う「Graph500」では、2019年2月現在、8期連続（通算9期）世界第1位。

う皆さんもたぶん勉強したかもしれませんけども、日本語の数字の単位ですね、一、十、百、千、万、そして億と、次「兆」となってますけども、「兆」の次ですね。「京」と呼ばれる単位を日本語では使います。「京」というのはどういう大きさかと言いますと、「1京」というのは、10の16乗にちょうど対応するものです。16乗ですから、これは、1の次に0が16個続くという大変大きな数です。で、「京」は、この1京ですね、1京の計算を1秒間に行えるという能力を持つことからこの名前が付けられました。この1秒間に1京というのはどれだけの計算量かということになりますけども、これは、例えば、地球の全人口、約70億人と言われていますけども、その人たちが、いわゆる電卓ですね、電子計算機で1秒間に1回計算をする、ということを、24時間ですね、寝ずにですね、ずーっと全員が計算をし続けても、17日間かかるだけの計算量です。それを1秒間で行ってしまう、という、途方もない大変な、すごいスピードの計算ができるコンピュータ、ということになります。ですから、このような高性能のコンピュータをもってしても、実は解けないような問題が存在する、ということがわかっています。それが、これからお話ししようとしているこの「巡回セールスマン問題」という問題になります。

　はい。それでは、ちょっとこの巡回セールスマン問題についてちょっと説明をしたいと思います。これはコンピュータサイエンスに関する問題で、2000年にアメリカの数学に関するクレイ研究所というところが、ミレニアム問題というのを7つの問題を提出したんですけども、その問題の一つ、一般化したものなんですけども、になっています。これは100万ドルという賞金がかかっている問題なんですけども、現時点ではまだ未解決の問題です。ではもう少し具体的にこの巡回セールスマン問題について説明したいと思いますが、これはどういう設定をしているかというと、セールスマンの人がいろんな都市を回って営業をする、ということを考えるわけですね。ところが、当然いろんな都市に行かないといけないので、効率を考えたら一番短い、一番短距離でですね、一番短い時間で行ける経路は何か、というのを見つけたいということになります。例えば、もっと具体的なことを考えてみると、三つの都市を回る、っていうふうに考えますね。ただ条件がありまして、一つの都市は1回しか行かない、という条件が付いています。

　で、三つの都市、ABCっていうふうにしますと、今、出発点を、Oにして、例えば、Aですね、それでB、Cと三つの都市に行きたい、というわけですね。そしたら、当然、最初にAに行くか、Bに行くか、Cに行くか、というふうに三つの場合が考えることができますけども、その次はどうなるか、ということになるんですが、仮に最初にAに行ったとしたら、次は当然Bに行くか、Cに行くかっていうふうに二通り、になるわけ

です。これを式で表していきますと、最初は、Oがありまして、Aで、Bで、Cですよね、これ三つの場合があります。そして次は、もしAに行ったらBかC、Bに行ったらAかCですね、ここに行ったらこれはAかBと、こういうふうになるということですね。で、残りは、ここまで行ったらもう都市は一つだけなので、ここはCになりますし、ここはBですよね、ここはCですし、ここはAですよね、で、ここのところは、Bですし、ここはAと。で最後は当然Oに、戻るというわけですね。ここはOに戻ってくるというわけです。これ、式で書くと、ここが3通りありますので、ここは3ですよね。掛ける、それぞれに二通りありますから掛ける2で、最後は一つだけですから、3掛ける2掛ける1というふうになります。これは数学では記号では3の階乗ですね、こういうふうに書くわけです。そしてこのルートをちょっと見てもらいますと、最初のOABCOと最後のOCBAOというルートはちょうど道順が、ちょうど反対になっているだけですから、道の取り方ですね、経路の取り方としては同じである、ということになりますので、実際に調べるべき経路というのはちょうど半分になるということになりますね。ですから、3の階乗、2分の3の階乗の数の経路について距離を計算して、それを比較する。そうしたら最短の距離が求まる、ということになるわけです。ですからこれを計算をしますと、ちょうど3通りになりますから、この3通りについて計算、ということになります。このくらいの、都市が三つくらいであれば、実際に計算すべき経路というのは三つしかないので、これはまあ、そう計算は大変ではないというふうに思えますから、そうたいした問題じゃないんじゃないかっていうふうに思うかもしれませんが、しかし実はそう簡単にいくわけではありません。

では、もう少し詳しく、考えてみますね。4都市だったらどうなるか、ということなんですけども、考え方は同じなので、4都市の場合であれば、これは2分の4の階乗ということで、これは12通りの経路になります。ですから、12個、とりあえず距離を調べればよい、というわけですね。で、これ5都市だったら当然2分の5の階乗、ですから、これは60通りなので、このぐらいであればそう大変じゃないかなっていうふうにたぶん思うと思います。一般化すればですね、仮にn都市、というふうにすると、これは、2分のnの階乗の経路がありますから、すべての距離について、計算すれば、とりあえず一番短い(経路がどれか)というのは見つけることができる、はず、ですよね。そうすると例えば、20都市くらいであればどうか、というとですね、これ今言ったように、経路の数は2分の20の階乗というふうになりますけども、これ、「京」で、スーパーコンピュータ、スパコンの「京」で計算すると、なんと、結構大きな数なんですけども、実は7秒で、すべての距離の計算ができるというわけです。[*3]ですから、計算できれば当

[*3] 「19都市で6秒」と説明すべきところの誤りです。実際には、20都市では計算に122秒かかります。

然最短もわかりますから、十分解決できるわけです。

　ところがですね。これをちょっといろいろ、もう少し増やしていって、例えば27都市ですね、ぐらいにしてみますね。で、ここまで行くと、どうなるかということなんですが、これは2分の27の階乗ですね。ここからがちょっとこの階乗というのは、実は記号は非常にあの簡単なんですけども、実は結構恐るべき数なんですね。どういうふうに恐るべきかっていうと、これは、だいたい、大まかに、これはだいたい等しいというんですけど、大まかに計算すると、これは、5.44掛ける10の27乗ぐらいの数になります。で、そしてこれを「京」で計算をさせますね。そうするとどういう計算になるかっていうと、一応、経路の数が10の27個ありますから、これを1京ですね、1京というのは10の16乗なので、1秒間にこれだけの経路が計算できますから、だいたいどのくらい時間がかかるか、というわけです。で、計算すれば、これは5.44掛けるですね、10の、27乗を16乗で割るので、これは10の11乗っていうふうになりますね。これは今1秒間という計算ですから、5.44掛ける10の11(乗)秒かかるということです。しかしですね、これは、秒だからちょっとイメージがちょっとわきにくいと思いますけども、これを年ですね。どのくらいの年数がかかるか、というふうに年に換算すると、なんとこれは、1万7千年、に相当する時間です。
　1万7千年というと、もしかしたら地球もなくなって、人類も滅びてるかもしれない、というぐらいの長い年数なので、すべての経路を調べるのにこれだけの時間がかかりますから、最短の距離は何かということに関して、実はもう解決ができない問題になっている、ということになるわけです。ですから、この階乗っていう計算は実は非常に膨大な数なので、結構このスパコンでも取り扱うことが完全にはできないという膨大な大きな数だということがわかると思います。

　このようにですね、コンピュータに、単純に力尽くで、計算させるという方法だけではなかなか解けない問題がある、ということがわかったと思います。現在このような問題に対してどういうアプローチがされているかといえば、当然あの、アルゴリズムですね、アルゴリズムというのは計算の手順、計算の順番ということなんですけども、アルゴリズムを改良してより良い解を求めよう、結局、正確な解ではないですけども、解に近い、答えに近いものを求めようというものです。それはここに書いてあります「近似解」っていうふうに呼ばれてますけども、を求めるっていうアプローチがされています。例えばこの巡回セールスマン問題については、その1.4倍、最短距離の1.4倍に近いものは求めることができる、というようなアルゴリズムは、開発されているといわれています。

また、このようにしてですね、いろんなアプローチというのが考えられると思うんですけども、現在、この問題を解決するために、考えられる方法として、二つの、方向性を説明したいというふうに思います。
　一つは今言ったように、結局、ここに書きましたが、アルゴリズムをどう改良していくか、という問題ですね。これは、ちょっと一つそれに関連して、おもしろい話題があります。それはここに書いてありますけども、「粘菌」という、単細胞の細菌みたいな、非常に小さい、単細胞の生物なんですけども、粘菌を使ってこういう最短距離を求めようという問題が考えられています。これは、イグノーベル賞を受賞しているような非常にユニークな研究なんですけれども、この粘菌を使うことによって最短距離の、近似をしようというわけですね。これは、この粘菌っていうのは、実際は、単純な単細胞のものですから、複雑な何か計算なり、複雑なことをやっているというわけでは、当然ありません。ですから、どういう仕組みで最短距離を見つけているか、という部分をわかってくれば、この、アルゴリズムの改良につながっていくだろうというふうに思われています。
　あともう一つは、いわゆるコンピュータ自身ですね、コンピュータ自身の、ハード面を変えようという動きです。これは、ここに書いてあります「量子コンピュータ」。たぶん名前は聞いたことあると思いますけども、これは、量子が持っている特別な性質をうまく使うことによって、できるコンピュータですね。これは、量子の特別な性質によって、コンピュータの数がですね、2の10乗とか、2の100乗個とか、2の何乗というのが出てきたのは、コンピュータはだいたい2進法が基準なので、2の100乗とか出てきてるんですけども、(それ)を同時に動かすことができるような、そういう性能を持つコンピュータと言われています。これが、できれば、それこそ本当に、膨大な計算を一気にすることができますので、先ほどのこの巡回セールスマン問題のような膨大な、数の計算を瞬時に行うことができると期待されていますから、将来的にはこれによってこの巡回セールスマン問題は解決されるのではないかというふうに言われています。

　今お話ししたように、この問題に関して様々なアプローチが考えられると思います。将来的には、「巡回セールスマン問題解決」というニュースを聞くことがあるかもしれません。今日お話ししたような視点からコンピュータの進歩についていろいろ注目してほしいと思います。
　以上で今日のお話は終わりにしたいと思います。

C 内容確認問題　解答

(1) 1 ×　　2 ×　　3 ×　　4 ○

(2) 計算する必要のある経路の数が多すぎて（膨大で）、現在最も計算が速いスーパーコンピュータで計算しても、時間がかかりすぎるから。

(3) 1　計算の手順であるアルゴリズムを改良して「近似解」を求める方法。例えば、粘菌が最短距離を求める仕組みの利用も考えられる。
　　2　コンピュータのハード面を改良して膨大な計算を一気にできるようにする。量子の性質を利用した量子コンピュータの開発。

第3課

「思う」という言葉
──「〜と思う」と「〜と思っている」──

スクリプト

1. はじめに

　みなさん、こんにちは。
　今日は「思う」と「思っている」という言葉の使い方について勉強したいと思います。
　「思う」という言葉は、文法的に言うと動詞に分類されています。動詞は、「動く言葉」というその字の通り、体の動き、動作を表す言葉がたくさんあり、そのような動詞は、「動作動詞」といいます。「会う」とか「話す」などの動詞です。
　それに対して、「思う」は、話し手や書き手の判断や主張を表す言葉です。こう、「私」の体の中、心の中に生まれること、主観的なことなのです。このような、人の内面、心や頭の中での働きを表す動詞を「思考動詞」といいます。「思う」ということのは、心の動き、働きなので、実際の行動を表す「動作動詞」とは、少し違うところがあります。
　「思う」は、文の最後、文末において、辞書に載っている形、辞書の形の「思う」や「〜ます」の形の「思います」の形で使われるときには、常に、「話し手の現在の判断や主張」を表しています。
　それに対して、「動作動詞」はどうでしょうか。例えば、「来週、山田さんに会います」とか、「明日、話します」というような文です。この場合は、現在のことではなくて、未来のことを表します。
　では、「動作動詞」で現在のことを表すときはどのような表現を使っているのかというと、文末が「ている」、「ています」という形になっています。例えば、「今、山田さんと会っている」とか、「友達と話しています」という文です。このときには、確かに現在のことを表していますね。
　では、「思う」に「ている」がついた「思っ『ている』」はどうなるんでしょうか。こういうようなことを今日、勉強したいと思います。そして、「思う」と「思っている」では

どのように使い方が違うのか、そういうことをこれから勉強します。

2. アンケート調査結果

比較をするために、日本語の教師になろうとしている日本語母語話者、日本語を母語としている大学生27名にアンケート調査をしてみました。この表はその一部です。

まず、表のaからfの6つの文を見てください。これらの文には、「思う」と「思っている」の前に動詞「行く」の辞書の形「行く」、意志を表す形「行こう」、そして、推量を表す形「行くだろう」がそれぞれ使われています。つまり、これら6つの文には「行く」という動作動詞と、「思う」という思考動詞、これらの2つの動詞がそれぞれあります。

調査では、それぞれの文について、「この『行く』はだれが『行く』のか」、「この『思う』はだれが『思う』のか」を考えてもらい、「山田さん」、「私」、「第三者」の中から選んでもらいました。「第三者」というのはこの場合、山田さんでも私でもない、もう一人の人、他の人という意味です。

その結果、例えばaの文、「山田さんは行くと思う」では、「行く」のは「山田さん」、「思う」のは「私」、と全員が答えました。

あ、この中で、文bの「山田さんは行こうと思う」には、ここにちょっと印が付いていますが、この文は、普通の文ではなく、主に小説などの中で使われる特殊な文なので、ここではだれが行くのか、だれが思うのかということについては聞きませんでした。そこで、このbを除いたaからfまでの5つの文について、「行く」のはだれなのか、「思う」のはだれなのか、日本語母語話者の学生に調査をして、その結果、得られた回答の組み合わせをこの表にまとめました。

で、ここのa、b、cまでは、文末、文の最後がすべて「思う」です。で、d、e、fは、文末が「思っている」に変わっています。その前のところ、「と」の前の動詞の部分はa、b、cとd、e、fがそれぞれ対応しています。dはaと同じ「行く」、eはbと同じ「行こう」、fはcと同じ「行くだろう」で、文末だけが違うという形です。この表についてはわかりましたか。

ここには前後の文がありませんから、これら一文だけで判断するのは難しいかもしれませんが、日本語を母語とする人、日本語母語話者には、いろいろな解釈の可能性があることがわかります。それぞれ「山田さん」、「私」、「第三者」の関係を想像しながら読んでみてください。

3. 問題

さて、表を分析するためにここに「問題」を用意しました。表を見ながら、この「問

題」に答えてください。

　それでは、まず、解答をします。問題1の(1)番。文末が「思う」の形ですね。この場合、「思う」人はだれでしょうか。答えは「私」です。表を見るとaは私、cも私です。「私」である。よろしいでしょうか。

　では、次。問題1の(2)番。文末が「思っている」の形の場合は、「思っている」人はどうでしょうか。「思っている」の場合、「第三者」か「山田さん」か「私」です。というように、日本語を母語としている人、日本語母語話者は判断しているのです。

　では、次に問題2を見てください。この問題は、「と」の前の「行く」行為をする人と「思う」人が同じなのか異なるのか、を聞いています。

　まず、(1)番。「山田さんは行く」の形の場合はどうでしょうか、「行く」人と「思う」人は同じですか。aで言えば「行く」は山田さん、「思う」は私です。dで言えば「行く」が山田さんのときは、「思う」は第三者、「行く」が第三者のとき、「思う」は山田さんというように異なっていますから、「異なる」になります。

　(2)番。「山田さんは行こう」の形の場合。これは先ほど言いましたように、文bは特殊な場合ですので、抜かして、文eについて見ますと、「行く」人と「思う」人はどうでしょう、同じですね。「同じである」になります。

　(3)番。「山田さんは行くだろう」の形の場合、cまたはfを見てください。cの場合行く人は山田さんで思う人は私です。fでは行く人が山田さんのとき、思う人は第三者、行く人が第三者のとき、思う人は山田さん、そして、行く人が山田さんで思う人が私、というように「行く」人と「思う」人は、常に「異なる」ということになります。

4. 使い方の違い

　はい。それでは、どうしてそのようになるのか考えてみたいと思います。最初に話したように、「思う」という言葉は、話し手の現在の判断とか主張を表しています。ですから、「思う」は、常に話し手または書き手である「私」が「思う」ということになります。「山田さんは思う」という使い方はしません。

　他にも、話し手の現在の判断や主張を表している言葉があります。例えば、「うれしい」とか「食べたい」というのは、「弟はうれしい」とか「山田さんは食べたい」とか言えないように、第三者、つまり、私以外、話し手以外には使うことはできません。なぜなら、話し手は自分のことはわかりますが、他の人の心の中のことはわからないからです。ですから、「思う」は常に私、話し手、または書き手、話している人、書いている人、私が思う、ということになります。つまり、「思う」という言い方は、「私」以外の人には使えないのです。

　ですから、みなさん。まず、思う人が私であるときは、「思う」という形を使ってく

ださい。また、「思う」という言葉は、他の人が思うときには使えないわけですから、わざわざ「私は」と言わなくてもいいです。どちらかと言うと使わないほうが多いです。

例えば、「桜は美しいと思う」と言えば、「桜は美しい」と思ったのは必ず「私」ですから、わざわざ「『私は』桜は美しいと思う」と言わなくても、もうそれは、「私」が思っているということがわかりますので、特に強調する場合は別にして、一般的には「私は」というのは使われないことが多いです。

それに対して、「思っている」というのは、その人の中に生まれた、思ったもの、つまり判断や主張が、少し前から続いているということで、客観的な事実として外に現れ、他の人に知られているのです。それで、「思っている」は、山田さんや第三者にも使うこともできるのです。だから、「鈴木さんは桜は美しいと思う」とは言いませんが、「鈴木さんは桜は美しいと思っている」と言うことができるのです。「思う」は話し手、「私」だけにしか使えませんから、話し手以外の人、山田さんや山田さん以外の人が「思う」、そのときは「思っている」を使います。

一方、表の、文末が「思っている」の文fを見るとわかるように、「思っている」は、山田さんや第三者だけでなく、「私」にも使えます。

それはどのようなときかというと、まず、私が「前から続けて思っている」、そのことを特に言いたいときです。例えば、「日本に来てからずっと京都に行きたいと思っている」というような、前から今現在までずっと、という時間的なことを特に意識して言いたいときには、「思っている」を使います。

それから、もう一つ、「以前とは違う今」のことを特に言いたいとき、「思っている」の形を使うことがあります。例えば、「前は『自転車なんて必要ない』と言っていたが、今は便利なものだと思っている」などです。「以前と違って今は」と特に言いたいということが伝わります。

しかし、話し手、私の「今」の判断や主張を言いたいときは、「思っている」よりも「思う」を使うほうが基本的な形なのです。

では、最後に、「行く」人と「思う」人が異なる場合について、「と」の前の「行く」の動詞の形による違いから考えてみましょう。

a、cの場合、「行く」人と、「思う」人は異なります。aの「山田さんは行くと思う」では、「行く」のは山田さんで、「思う」のは私です。cの「山田さんは行くだろうと思う」。これも、「行く」人と、「思う」人は異なり、「行く」のは山田さんで、「思う」のは私です。

d、fも見てください。今回の調査では、dでは2パターン、fでは3パターンの解釈が結果として出てきました。dの①では、「行く」のは山田さんで、「思う」のは第三者、つまり「『山田さんは行く』とだれか他の人が思っている」という意味です。②では、「行く」のは第三者で、「思う」のは山田さん、つまり「山田さんは、『だれかが行く』と

思っている」です。fの「山田さんは行くだろうと思っている」の場合は、3パターンありますが、すべて「行く」人と「思う」人は別の人になっています。

これらの例文では、「第三者」がだれなのかわかりませんし、また、「私」が省略されているので、よく考えないとわかりにくいかもしれませんが、日本語母語話者が以上のように解釈していることを知ることができます。

5. まとめ

以上、「思う」という思考動詞の使われ方について、例文をみながら考えてみました。「思う」と「思っている」の使い方の違い、「と思う」と「と思っている」の前に来る「動詞の形」による違いなどについてわかっていただけたでしょうか。「思う」という言葉は、人間の心の働きに関係しており、そのことが文法からもわかって、興味深いと思います。

ところで、人の内面、心や頭の中での働きを表す動詞は「思う」だけではありません。「考える」「わかる」「信じる」など他にもあります。これらの思考動詞の使われ方についても、是非みなさん、考えてみてくださいね。

私は普段、外国人留学生に日本語を教えていますが、彼らはよく「思う」と「思っている」の使い分けを間違えます。本日は、そのことに問題意識を持って調査した結果をお話ししました。外国人留学生は、なぜこのような日本語の間違いをするのでしょうか。一体、他の言語では、「思う」のような思考動詞はどのように使われているのでしょうか。是非、あわせて考えてみてください。大変興味深いと思います。

これで終わります。

C 内容確認問題　解答

(1) 1　私
　　　「思う」は、常に話し手である「私」の現在の判断、主張を表し、他の人には使えないので、わざわざ「私は」と言わずに省略することが多く、その方が自然だから。
　　2　「思っている」は、話し手の中に生まれた判断や主張が少し前から続いているということで、客観的な事実として外に現れ、他の人に知られているから。
　　3　①私が前から続けて思っていることを言いたいとき
　　　　②以前とは違う今のことを言いたいとき

(2)

	行為をする人	思う人
1	私	私
2	妹	妹
3	①タン ②第三者 ③タン	①第三者 ②タン ③私

(3) 1　思っている
　　2　思っている
　　3　思います
　　4　思っている（「思う」が可能な場合もある）

第4課

「子どもを産まない」という行動がなぜ進化したか？

―― ハチの社会性の進化 ――

スクリプト

1. はじめに

　私はハチの研究、ハチの進化の研究をしています。これは私の調査風景です。このスズメバチは沖縄県で研究をしているんですが、家の前の庭に積んである木などの中に巣が発見されることが多いです。ちょっと巣を叩くと、たくさんハチが出て来て、非常に危ないです。これらの巣に麻酔をかけて採集すると、ちょうど新聞紙を広げたくらいの大きさになることがよくわかると思います。そして、中を広げてその巣の中に女王がどれくらいいるのか、働きバチがどれくらいいるのか、そして、それらはどういう血縁関係にあるのか、ということを調べています。

　これは、採集するときに防護服を着ているときで、ちょっと拡大してみるとわかるんですが、この辺にハチが……、私にアタックをかけているところですね。こういう調査をすることで、どのようなことがわかってくるのか、今日はその話題を提供したいと思います。

2. テーマの紹介

　今日お話しするタイトルは働きバチが子どもを産まないという行動が、何故進化したのかです。ハチの話に入る前に、ちょっと次のことを心に留めておいて欲しいと思います。私たちはみな子孫を残した祖先の末裔である、これは当たり前のように思いますけれども、当たり前のことですね。

　子孫を残した祖先の末裔である。子どもを残さなければ、その個体の遺伝子、DNAのコピーは子孫には引き継がれない、引き継がれません。子どもをたくさん残した個体の子孫でこの世はあふれている、こういう考え方は、チャールズ・ダーウィンが1859年に出した本、「種の起源」の中にある自然選択に出てきます。たくさん子どもを残す個体と、あまり残さない個体というのがいたときは、環境によりよく適応し、たく

さん子どもを残す個体の方が、次の世代では増えていくという考え方ですね。これは進化論に通じています。ですから、これからお話しすることはちょっと変わったお話に聞こえるかもしれません。

3. 具体例

　これはハチの中のアシナガバチという種類の虫です。昆虫です。このように巣を作って、皆共同で子育てをします。このハチは、この中に、女王バチと働きバチがいて、女王バチは子どもを産みます。ですが、先ほど自分で子どもを残さない個体のことを話しましたが、働きバチは自分で子どもを残さない昆虫です。この働きバチは、実は全部メスなのですが、子どもを産まないのです。そうすると、働きバチの遺伝子、DNAのコピーは次の世代には伝わっていかないということになりますね。その場合、もし、働きバチに働くという遺伝子があったとしても、働くという遺伝子が次の世代に伝わっていかないのは、その遺伝子が伝わらないように制御されてるということになります。

　もう一例、紹介しましょう。これも私が研究しているスズメバチです。採集をするためにダンボール箱に入れたところですが、刺されると、とても痛いですね、このハチは。このハチも巣の中にただ一匹女王バチがいて、それ以外は全部メスの働きバチです。子どもを産むのは、卵を産むのは、やはり女王バチだけです。働きバチは子どもを残しません。

　なぜ子どもを産まないという行動がいまだにあるのか、不思議な話です。つまり、先ほど言ったように子どもを産まないという遺伝子は、次の世代に伝わっていかないわけですから、何世代かすると、何年間かすると、世の中のハチは全部子どもを産むハチだけになってしまいそうに思えますが、実際はそうなっていません。

4. 社会性昆虫

　これは今のスズメバチの巣の状態ですけれども、このように地面に大きな巣を作ります。たくさんの働きバチが見えますが、女王バチはこの中にじっとしていて、なかなか出て来ません。こういった虫のことを社会性昆虫と呼んでいます。女王バチがいて、働きバチがいる、そういう社会です。

　ちょっと繰り返しになりますが、説明をしますね。こういう社会性昆虫というのは、複数の個体が共同で子どもを育てます。そして、繁殖に関する分業があります。つまり、女王バチは繁殖にかかわる、子どもを産む。それに対し、働きバチはメスにもかかわらず、繁殖にかかわらない、子どもを産まないで働くことに専念する、というようにそれぞれ個体の役割が分業しています。

働きバチの仕事というのは、例えば、巣の管理、どういうことかというと、巣作りや巣の掃除、それから幼虫の世話、幼虫のためのエサ集めなどです。なぜこのように働くだけで、子どもを残さない働きバチがずっと残っていったのでしょうか。この問題は先ほど少し話しましたチャールズ・ダーウィンが、本の中にこれは、自分の進化論を揺るがす大変な問題かもしれないというようなことを記載していたこともありまして、それぐらい昔から現在に至るまで、このことは謎と考えられてきた行動です。

5. アシナガバチの1年のライフサイクル

このことには、最近いくつかの説明が付けられるようになりました。これは、アシナガバチの一年間の生活史を簡単に表したものです。春にクィーン、女王バチが自分で巣作りを始めます。この女王バチは働きバチを次々に産んでいきます。そして、夏ぐらいになると、その働きバチの数はたくさんになります。先ほどお見せしたスズメバチがたくさん群がっている写真は、ちょうどこの時期です。

秋の繁殖期になると、この女王バチとたくさんの働きバチがいた巣から、オス、そして、新しいクィーン、ニュークィーンと呼ばれていますが、新しい女王バチがたくさん羽化して、巣を飛び立ちます。この新しい女王バチたちは結婚飛行をし、交尾するためだけに産まれたオスと出会って、交尾をしたあとに越冬をして、冬を越します。

そして、次の年の春にまた一匹で巣作りを始める、このようなサイクルがあります。このサイクルの中に、先ほどのなぜ働きバチの遺伝子というものが残っていくのか、という問題のヒントがありました。

6. 働きバチの謎の解明

ここで示したように、働きバチと新しい女王バチというのは、すべて始めの女王バチ、同じ母バチの子どもたちです。つまり、働きバチも新しい女王バチもどちらも同じ女王バチの子どもということは、働きバチが持つ遺伝子のコピー、働くという遺伝子のコピーですね。それは新しいクィーンを通して、次の世代に伝わっていくということになります。

ここは難しいと思いますので、もう一回説明しますね。繰り返しますが、働きバチも新しい女王もどちらも母バチである女王の子どもたちです。ということは、働きバチが持っている働く遺伝子は、新しい女王、ニュークィーンが受け継いでいる可能性が非常に高いということです。

どちらも同じ母バチから産まれた娘バチなので、姉妹同士が遺伝子を共有している確率が非常に高いというわけです。ですから、この新しいクィーンたちの中に働くという遺伝子が残って、次の世代になっても、またその遺伝子は残って、働きバチ

が産まれてくるというようになっています。

7. まとめ

　昔は働きバチは自分の子どもを直接は残していないのに、「働く」という行動が後世に残っていくのは、自然選択理論では説明できないと言われていました。けれども、最近では、これこそチャールズ・ダーウィンの自然選択を説明する、そういう例の一つであると、有力な説の一つであると、言われるようになっています。
　働きバチは自分の直接の子どもは残しませんが、女王が産んだ妹バチを新女王になるように育て上げ、そして、そのような新女王をたくさん生み出すという方法で、遺伝子のコピーを後世に間接的に残すことに成功しているわけです。働きバチは互いに協力して母親である女王バチを助け、営巣のために働くことによって、幼虫、妹バチの生存率が上がり、巣全体の利益が大きくなることもわかっています。
　こうしてみると、社会性昆虫であるハチの世界では、役割を分業し協力することで、子孫を効率的に残していくという自然界の仕組みが、巧みに機能していることがわかりますね。
　皆さんも日常でハチを目にすることがあると思います。ハチにはこんな世界があるのだということを知っていただき、興味を持ってもらえれば、これに越したことはありません。
　これで私の講義を終わります。

C 内容確認問題　解答

(1) 1 ○　2 ×　3 ○　4 ○　5 ×　6 ○

(2) 進化論では、たくさん子どもを残す個体の方が、次の世代では増えていくという考え方だが、メスである働きバチが子どもを産まないのに、働きバチの「働く」という遺伝子が後世に残ることが、自然選択で説明できないということ。

(3) 1　①巣作り　②巣の掃除　③世話　エサ集め
　　2　①育て上げる　②上がる　③大きくなる

(4) ①a. 産まれ始める　②a. 子どもを産む　③a. 飛び立つ　④a. 飛び立つ
　　⑤b. 越冬できない　⑥a. 越冬する

（5）働きバチは子どもを残さないが、母の女王バチを助けて、妹バチをたくさん新女王に育て上げることで、遺伝子のコピーを間接的に後世に残すことに成功している。現在では、このことが自然選択を説明する有力な説の一つであると言われている。

第5課

外国人児童生徒と日本語教育

スクリプト

1. はじめに

みなさん、こんにちは。伊東祐郎です。今回の講義では、「外国人児童生徒と日本語教育」について、このような構成でお話ししたいと思います。

まず、「現状」についてお話しします。この「国内の在留外国人数の推移」を見てください。「在留外国人」すなわち、日本で生活している外国籍の人たちの数を示したグラフです。1990年（平成2年）に入国管理法が改正されました。その直後から日本で働くために外国から多くの人たちがやってくるようになりました。2008年（平成20年）以降は、200万人を超えていることがわかります。そして、2015年（平成27年）には、約223万人の人たちが、日本で生活するようになりました。

2. 外国人児童生徒の増加

在留外国人の増加は、大人たちに連れてこられた子供たち、外国人児童生徒の増加も意味します。このグラフを見てください。文部科学省が2年ごとに全国の公立学校を対象に調査した「日本語指導が必要な外国人児童生徒数」の最近の結果を示したグラフです。在留外国人の増加とともに、日本語指導が必要な外国人児童生徒数も増えていることがわかります。

2016年度（平成28年度）を見てみると、このような子供たちが約3万4千人いることがわかります。前回の調査より5千人ほど増加しています。学校の種類別では、小学校に一番多くの子供たちが在籍し、次いで中学校、高等学校となっています。

3. 母語と日本語

次に外国人児童生徒の母語別の数を見てみたいと思います。このグラフを見てください。

「日本語指導が必要な外国人児童生徒の母語別在籍状況」を示したグラフです。色別に子供たちの母語が示されています。これを見ると、ポルトガル語を母語とする者の割合が全体の約4分の1を占め、最も多いです。次いで、中国語、フィリピノ語、スペイン語で、これらの4言語で全体の8割近くを占めています。あと、ベトナム語、英語、韓国・朝鮮語、その他となっています。

この調査において「日本語指導が必要な児童生徒」とは、「日本語で日常会話が十分にできない児童生徒」及び「日常会話ができても、学年相当の学習言語が不足し、学習活動への参加に支障が生じていて、日本語指導が必要な児童生徒」を指します。

今回はこのような日本語指導が必要な外国人児童生徒に焦点を当てて、何が問題か、今後どのように日本語指導を行っていくのが望ましいか考えてみたいと思います。

4. 課題

では、この、「外国人児童生徒を取り巻く課題」についてまとめてみたいと思います。いろいろな課題がありますが、私なりに大きく三つに分けて考えてみたいと思います。

まず「子供たちの多様性」による課題です。二つ目は「受け入れ態勢」にかかわる課題です。三つ目は「日本語・教科指導」にかかわる課題です。

最初に、子供たちが多様な言語背景や多様な文化背景を持っていることが挙げられます。そのために習慣や価値観が違う、また、言語も、ポルトガル語、中国語、フィリピノ語、スペイン語と様々な言語を持った子供たちがいて、コミュニケーションするのに共通の言語がないといった問題があります。当然のことながら、彼、彼女らが自分たちの国で受けてきた教育や環境、制度も違いますので、学力も多様化しているという問題があります。

二つ目です。このような子供たちを受け入れる日本の学校側の問題です。外国籍の子供たちは、新学期の始まる4月に入学してくるとは限りません。ある日突然、日本の学校にやってきます。また、子供たちは日本語が通じません。子供たちを受け入れても、日本語指導をだれが行うのか、子供たちや保護者とのコミュニケーションをどう図るのか、日本語教師や通訳、翻訳者をどう確保し、そのための予算をどう作るかなど、受け入れにかかわる様々な課題が上がってきます。

三つ目は、たとえ、日本語指導を行う教員が確保できても、日本語をどう教えていったらいいのかわからないという問題が立ちはだかります。学校の先生は、教科については専門家ですが、母語である日本語を教える専門家ではありません。多くの先生は日本語の何をどう教えたらいいのか、日本語の教材、教具はどのように手に入れ

たり、準備したらいいのかなど、わからないことばかりで悩んでしまうことになります。

5. 異文化で育つ子供たちの第二言語習得

　次に、このような日本語指導が必要な子供たちに対する日本語や教科指導がどうあるべきか考えてみたいと思います。その前に、参考になる理論や考え方をいくつか見ておきます。日本という異文化の中で暮らす外国人児童生徒の頭の中がどうなっているかを把握しておきましょう。

　これは2言語を学ぶ子供たちの頭の断面図だと思ってください。昔の考え方と今の考え方について比べてみたいと思います。昔は、左の断面図のように考えられていました。子供たちの母語を第一言語とすると、日本に来る前は第一言語で言語能力を獲得し、教科の学習も行っていました。日本に来た子供たちは第二言語である日本語環境に置かれることによって新たに日本語を学ぶことになります。二つの言葉の言語能力は互いに関係なく別々に独立して存在しているという考え方で、「2言語バランス説」と言われるものです。頭の中は、第一言語と第二言語は別々に存在すると考えられていたので、例えば、算数を第一言語で学んだ子供たちは、日本に来たらもう一度最初から算数を学び直さなければいけないと考えたのです。

　ところが、最近の研究では、第一言語で獲得した知識や能力は、第二言語の習得に関係し、二つの言葉は互いに関係し合っている、共有している部分があるという「2言語共有説」がいろいろなところで実証され支持されるようになりました。「2言語共有説」は、子供たちは二つの言語というチャンネルを持っていますが、頭の中では一つにつながっていて、一つの「思考タンク」を持っているという考え方です。

6. 氷山説

　これをもう少し詳しく理解するために、カナダの学者カミンズが提唱した「氷山説」で説明したいと思います。

　これが水面、海面ですね。そしてこの三角形が氷山だと考えてください。海面に浮かんでいる表の部分、表層面があります。そして海面下、見えない部分、深層面があります。子供たちの母語であるポルトガル語は、山の部分は高く、そして日本語があまり身についていない場合は、この山は低く見えます。大切なことは、異なる構造の言語を話す子供たちも、深層面、海に沈んでいるところに共有面、思考タンク、すなわち、思考力、想像力、推測力そして学力などの潜在能力があって、日本語学習の支援では、この部分を活用することによって、日本語の力も母語と同じ高さまで引き上げられることになるわけです。

7. 言語能力のタイプ

　次に、教科学習で必要となる「言語能力のタイプ」について考えてみたいと思います。カミンズは、言語能力は、「場面依存度」と「認知力必要度」によって区分できると言っています。次の図を見てください。この図は私たちが教科内容を学ぶ際に、どの程度「場面」と「認知力」に依存しているかを示した図です。

　横軸は、教科における学習活動が具体的な場面にどの程度依存しているかを示したものです。左側に行けば行くほど、場面が密接にかかわっていることを示し、右側に行くにしたがって、具体的な場面から離れることを意味します。場面依存度が高いというのは、学習活動が場面の助けを借りて成り立っていると考えることができます。教科の例で言えば、体育や実技・図工、そして数字を扱う算数や実験などを行う理科などは場面にかなり依存した科目になります。

　一方、場面依存度が低いというのは、教科内容を理解するために場面の助けが少ないことを意味します。むしろ言葉に頼らざるを得ない状況であると理解してください。場面から離れていく科目、言い換えれば頼れるものは言語情報だけのような科目、例えば、社会や国語、文学などがこれにあたります。

　次に縦軸について見てみましょう。縦軸は学習活動においてどのくらい認知力を必要とするかを示したものです。「思考力、頭を使わなければならない度合い」と言っていいかもしれません。「認知力必要度が低い」というのは、頭を使う負担が少ない状況です。日常の挨拶や自分自身のこと、自分の体験したことや知っていることを表現するときは、あまり頭を使わなくてもいいのです。

　それに対して、「認知力必要度が高い」というのは、頭を使う負担が大きい状況を意味します。科目で言えば、算数や理科など、仕組みや原理などを理解するには思考力が求められます。また、社会や国語・文学も認知力必要度が高く、場面依存度が低いため、背景知識など言葉に頼るところが大きいです。やはり、高度な思考力が求められることになります。

　ここで注目すべきは、認知力を必要とする「算数」「理科」「社会」「国語・文学」などの科目です。このところで、二つの言語の相互依存関係が深まると言われています。すなわち、一つの言語で学んだ知識や能力は、もう一つの新しい言語にも使えるようになる、思考力が土台になりやすいということです。

　以上の「2言語共有説」や「氷山説」、また「場面依存度」「認知力必要度」を参考に、今後の日本語や教科の指導について簡単に考えてみたいと思います。

8. 指導方法

　日本語指導で注目すべきは、目に見えない子供たちの潜在能力、思考力をどのように活用していくかです。子供が来日したときの年齢にもよりますが、母語が発達していれば、母語での知識を上手く利用して日本語力を伸ばせるように支援することが求められます。

　母語力が十分に発達していない場合は、場面や言語以外の助け、例えば実物や写真などを提示して理解できるように教材を工夫したりすることが必要になります。新しい内容を学習する場合は、事前に母語で内容を教えておけば、日本語での授業も内容を推測しながら学習することが可能になります。母語でしっかりと学んでおくことは、第二言語能力を伸ばすためにも必要であると考えることが大切です。

　そのためには子供たちを受け入れた学校はこれまでと違う形での組織作りや、環境作りを目指す必要があります。それとともに、教師は子供たちの学力や言語能力における個人差に対応できる指導力を向上させる努力が求められます。

9. まとめ

　最後にまとめとして、外国人児童生徒が将来活躍していくために、学校や社会が理解しておくべき二つの点について述べたいと思います。

　彼ら彼女らがグローバル社会における日本の将来を担っていく大きな原動力となること、子供たちの果たす役割は無限の可能性を秘めていること、これらのことを踏まえた上で、日本語教育は外国人児童生徒の文化的な生活や社会参加を実現させる重要な役割があり、外国人児童生徒の受け入れ態勢を推進していくためには"ALL JAPAN"で取り組んでいくことが鍵となります。

　これらのことを認識しておくことが大切になります。これで講義を終わります。

C 内容確認問題　解答

(1) 1 ×　　2 ○　　3 ○　　4 ×　　5 ○

(2) 1　日本語で日常会話が十分にできない生徒。
　　2　日常会話ができても、学年相当の学習言語が不足し、学習活動に支障が生じている子供。

(3) ①2言語バランス説:L1とL2の言語能力は互いに関係なく別々に存在する。
　　　例:L1で学んだ算数をL2でまた最初から勉強し直す。

②2言語共有説：L1の知識、能力はL2の習得に関係し、二つの言語は頭の中ではつながっていて、一つの思考タンクを持っている。

（4）海面下の深層面には二つの言語が共有する思考タンクがあるので、そこにある思考力、認知力、想像力、推測力などの潜在能力を活用する。

（5）①具体的な場面の助けが必要／場面の助けが少なく、言語情報が頼り
　　②頭を使う負担が大きく、思考力が必要／頭を使う負担が少ない
　　③社会・国語・文学　④算数・理科

（6）①場面や言語以外の助けとして、実物や写真などを活用する。
　　②事前に母語で内容を教えておき、日本語の授業で内容を推測しながら学習できるようにする。

第6課

量子の世界
―不思議な二重性―

スクリプト

皆さん、こんにちは。手束です。
今日は「不思議な量子の世界」についてお話しします。「量子の世界」は、とてもとても小さい世界です。この世界では、普段私たちが生活している世界とは全然違う、決して想像できないようなことが起こります。どうか頭を柔らかくして聞いてください。

皆さん、「量子」という言葉を、聞いたことがありますか。「量子」は、とても小さな、物質やエネルギーの塊です。1つ1つ独立した、1、2と数えることのできる、とても小さなものを想像してください。例えば、どんなものがあるかというと「電子」や「光」などがあります。「量子」という名前の物質があるということではありません。果物にバナナやりんごがあるように、「量子」に、「電子」や「光」があるのです。

これらも量子です。ニュートリノは、ニュースなどで聞いたことがある人もいるかも知れませんね。このニュートリノの研究で、2002年に小柴昌俊先生が、2015年に梶田隆章先生が、ノーベル物理学賞を受けています。小柴先生は、ニュートリノの観測に成功し、梶田先生はニュートリノに質量があることを明らかにしました。2013年には、ヒッグス粒子の発見によりイギリスとベルギーの科学者がノーベル賞を受賞しました[*1]。「量子の世界」は、まさに今、最先端の研究対象なのです。

さて、まず、代表的な「電子」について大きさを説明しましょう。皆さんはこういう図を教科書などで見たことがありませんか。これは水素原子を表した図です。水素の真ん中に原子核があって、その周りを電子が回っています。で、この「電子」が「どのく

[*1] 2012年に、CERN（欧州合同原子核研究機構）が、ヒッグス粒子とみられる新素粒子の存在を観測したと発表しました。そのおよそ半世紀前には、イギリスとベルギーの科学者が、ヒッグス粒子の存在をほぼ同時に別々に理論的に予測していました。CERNの実験で予測が正しいことが示されたので、この2人の科学者がノーベル賞を受賞しました。

らいの大きさ」を直径で比べて説明します。

　まず、これが地球で、これがピンポン玉です。地球の大きさに比べてこのピンポン玉はとても小さいですよね。更に、仮に、ピンポン玉を地球の大きさだとすると、もとのピンポン玉の大きさに相当するのが、この1つの水素原子です。でもこれはまだ水素原子の全体の大きさです。今度はこの水素原子を地球の大きさとしたとき、電子はこのピンポン玉以下の大きさだということが分かっています。電子はあまりに小さくて測ることがとても難しいのです。とにかく、とてもとても小さいですよね。

　この「量子」は、波と粒の2つの性質を持つということが見つかりました。「波でもあり、粒でもある」のです。波のような性質、波動性を持ち、また、粒のような性質、粒子性も持っています。つまり、水面の波のように動くこともあれば、小さい独立した塊のように動くこともあるのです。2つの性質がある、二重性がある「量子の世界」。それはいったいどんな世界なのでしょうか。

　そもそも、「波」って何なのでしょうか。「波である」とは「波の性質を持つ」、ということです。では、波の基本的な性質を見てみましょう。波の性質の特徴は、2つの波が一緒になったときによく分かります。ちょっと映像を見てみてください。
　これは、大学の池です。小石を2つ、同時に投げ入れて、波を作ります。水面に注目して見てください。2か所から波が生まれて、その2か所を中心にして、それぞれ円の形で波が次々に広がっていることが分かりますね。
　このような波の模様ができます。この波の変化のパターンを「干渉」といいます。このように干渉があること。これが、波であることの基本的な性質の1つです。
　では、波の基本的な性質について、もう少し詳しく見てみましょう。
　今ここで、2つの青い波と赤い波を一緒にした場合について考えてみましょう。それぞれ、この画面を左から右へ進んでいるとします。2つとも、1つのパターン、ここからここまでの長さ、波長が同じです。この青い波と赤い波が同時に同じ場所を一緒に進んだ場合を考えます。左右の図の違いは、青と赤の波の相対的な位置の違いです。それぞれ図を縦に見てください。この左の場合は一番高い所が、青と赤、同じなんですね。で、一番低い所も同じ。要するに、高い所、低い所がどこも同じになっています。そうするとこの2つの波を合わせると、高い所が合わさってより高く、低い所はより低く、強め合っています。ところが右の場合は、青が一番高いときに赤は一番低い、一番低いときに一番高い、一番高いときに一番低い、つまりどこも逆になっています。で、これらを合わせると打ち消し合って、ちょうどキャンセルされ、何もなくなってしまいます。

今の説明を式で書くと、青い波の高さをz_1で、赤い波の高さをz_2とすると、「波を合わせる」ということは、z_1+z_2のように、2つを足し算することになります。で、左の場合は、両方を足し算すると2倍に、右は両方を足し算すると結局ゼロになってしまいます。

　で、1つの波の式は、このように書けるんですけれど、ここで一番見ていただきたい大事なところは、このサイン（sin）っていう印がありますね。このサインっていうのは、このカッコの中の所が何であろうと、最終的にはマイナス1と1の間の数字です、ってことを言っています。ですので、この波の動く範囲は、このサインにAという数字がかかっていますから、一番小さくてマイナスA一番大きくてAの値を行ったり来たりするんですよ、っていうことを言っているのです。サインがマイナス1とプラス1の間のどの数字になるかは、このカッコの中の数字で決まります。カッコの中の数字が違うと、同じ波長の波でも高さが違ってきます。こうやって決まる波の高さを足し算した結果の、波の変化のパターンが「干渉」です。

　この右側の図は、このような波が面の上を広がっている場合の、ある瞬間のそれぞれの波の状態を表しています。青い線は一番高い所、緑の線は一番低い所です。同じ色の線が重なっている緑色の点は強め合って波が大きく動く所、違う色が重なっている赤い点はキャンセルし合う所です。

　もう一度水面の波で見てみましょう。ここに2つの波源があります。ここから波がそれぞれ生まれています。時間を進めて全体を見ると、ここに筋があるのが分かりますか。これは、時間を進めてもずっと筋のまま、つまり高い波と低い波が打ち消し合ってゼロになっている所なんです。打ち消し合う場所は、先ほどの式を使うと、この2つの波源からの距離だけで決まることが分かります。強め合う場所も波源からの距離によって決まります。

　この線で切って見てみると、高くなったり低くなったりと大きく動く強め合う場所、打ち消し合う動かない場所が交互に出てきます。

　水でできた水面の波では、大きく動くか、動かないか、干渉のパターンが見えました。次に、光で、もう少し干渉のしくみを考えてみましょう。光の波としての性質から実験すると、強め合う場所と打ち消し合う場所の交互の干渉パターンがよりはっきり見ることができます。

　ここに壁があって、1つの光が、この2か所で分けられて入ります。波が通ることができる場所は細くてスリットといいます。ここに光に反応するスクリーンが置いてあります。このスクリーンの上では、分かれた波が重なり合った様子を見ることができます。どうなるでしょうか。

これが、その様子で、緑色の光で実験した干渉パターンです。先ほどの水面の波のパターンと同じに考えてください。この2つのスリットは、さっきの水面で言うと、水面に小石を落とした2つの場所になります。水の波で高くなったり低くなったりして振動の大きい所に相当するのは光の明るい所です。で、先ほどの筋のようなところは、この黒く見える暗い所になります。
　スクリーンの上では、強め合う明るい場所、キャンセルする黒い場所のパターンが交互に出てきます。水の干渉では、水面がとても高く低く激しく動く場所、全然動かない場所、というパターンが出てきます。このように、干渉によってできる縞々のパターンを「干渉縞」と言います。

　これがもし、波でなく、ボールのような粒だったらどうでしょうか。2つのスリットを通って、その先のスクリーンにボールが当たった場所を記録すると、干渉縞はできず、このような跡が残るでしょう。実際にボールの実験をするとそうなります。
　スクリーンに干渉縞ができるときは、その2つのスリットを通った波が一緒になって、パターンが作られるので、波動性を持っていると分かります。また、粒が通ったときは、干渉縞ができません。このことをよく覚えておいてください。

　さて次に、電子について実験してみました。
　これから紹介する実験は、ロバート・P・クリスの『世界でもっとも美しい10の科学実験』という本の中で、選ばれた日立の実験です。「一個の電子の量子干渉」として紹介されました。日立の実験は高度な技術で複雑な過程がありますが、ここでは簡単に説明します。これは電子銃と言って、ここから電子を拳銃のように1つずつ出すことができます。そして、ここにスリット、さっきの光の2つの入り口と同じですね、があります。さて、こうすると、どうなるでしょうか。スクリーンの方は電子が来るとその場所が明るくなるようなしくみにしてあります。
　どんな結果になると思いますか？　電子は、原子核の周りを回っている粒だと説明しましたね。もし、ボールのような粒がポンポンポンと出ると、こことここにしかスリットが空いていないので、こんなふうになるかな、とこのスリットの空いている先に粒が集まる、と予想するのが自然じゃないですか。
　では、それを実際にやった実験を見てみましょう。ここに電子が1個、ポツンと来ました。予想通りボールが当たったような跡になってますねぇ。ポツン、ポツン。あっ、こんなに遠くに来ました。なんか適当に散らばってるみたいですねぇ。これもなんか予想と違いますねぇ。予想はスリットの向こうに集まる、という予想だったんですけれども。なんかバラバラに広がっています。ちょっと早回しになって来ました。もうちょっ

と辛抱強く見ていてください。それにしても、広がってますね。なんかただ、適当に散らばってるみたいですねぇ。あ、でも少し構造が見えて来たかも知れません。どうでしょう。もうちょっと増えますねぇ。あっ、結構構造が見えて来ました。明るい、暗い、明るい、暗い、のパターンが見えて来ています。はっきり見えました。干渉縞が見えました。

　これって、さっきの光の実験の明るい暗い、これと全く同じなんですね。電子が2つのスリットに分かれて、また一緒になって波をつくらないと、あのようなパターンは見えません。粒なのに、です。電子は、粒だと思っていたのに、波の性質を持っているということが分かったのです。

　いったい何が起こってるのでしょうねぇ。電子は一体どこを通ってるのでしょう？2つに分かれて、両方を通ってるのか…、それを調べようとした実験があります。スリットを囲んで、コイルを置いて、電子が通ると電流が流れるような装置を作ります。そして、実験してみると、1つの電子が電子銃から飛び出すと、1つのスリットしか電流が流れない。つまり、電子は分かれたりしないで1つのスリットしか通らないことが分かりました。

　そして、スクリーンの方を見てみると、なんと、干渉縞はありません。普通にボールを投げたときの結果と同じです。さっきと何が違うかっていうと、電子がスリットを通ったかどうか、観測しているだけなのです。

　そこで、もう一度コイルをはずして、どっちを通ったかを調べないで、全く同じように電子を出してみると、なんとまた、スクリーンに干渉の縞々ができるのです。つまり、干渉縞ができるときには、ふつうの粒のように1つのスリットを通ったとは言えないのです。これは、世界中の研究者が何度やっても同じです。スクリーンに記録される電子は1つ1つ別々なのだから、電子たちはまるで相談でもするように信号を送り合って、干渉縞を作るんでしょうか。

　そこで、電子が信号を送るのが難しい状況を考えます。世界中の科学者が同時に同じ実験をします。ただし、電子銃から1つの電子だけを打ち出します。とても遠くで実験しますから、信号を送り合うのは難しいですねぇ。実験結果はそれぞれ点1つです。それで世界中の、たくさん得られた1つの点の実験結果を合わせます。すると、干渉縞になります。これは、世界中の電子が信号を送り合っているということなのでしょうか。科学者はそうは考えず、1つ1つの電子が2つのスリットを両方通って干渉縞を作ると考えています。

　量子という小さい世界になると、観測する、見るということの影響だけで、結果に

違いがでてくることが分かりました。いったい「見る」とは「観測する」とはどういうことか、そんなことも考えさせられる実験です。すごく不思議ですね。

　電子は確かにスクリーンの上でポツンポツンとなって粒の性質を持ちますが、観察しないでスリットを通すと干渉縞という縞々のパターンで波の性質を見せます。干渉縞の幅などの値は、波の理論で正確に計算できます。また光についても、光は波の性質を持ちますが、実は別の実験で光も粒のように振る舞うということが分かっています。このように量子という小さい世界になると、粒のように振る舞ったり、波のように振る舞うという不思議な性質が見られます。これが量子の二重性です。このような性質は20世紀になって、実験装置を開発して発見されました。この結果は、私たちの身の回りで自然に感じられるような物理法則、つまり、17世紀から18世紀にニュートンによって作られ、その後発展した「ニュートン力学」では説明することができません。ニュートン力学は私たちが実感できるりんごが落ちる世界の力学です。20世紀には、このようなニュートン力学では説明できない現象が多く見つかり、それらを説明する理論が作られました。それが「量子力学」です。「量子力学」では、電子銃で打たれた次の電子がどこに来るのかは分からないけれど、電子がたくさんあるとき、どこにどのくらいの割合で電子が来るかという統計的なことは正確に計算できます。このような統計的、確率的な考え方の入った「量子力学」を使った新しい研究が今はどんどん進んでいます。

　量子コンピュータや半導体などは、このとても小さな世界、二重性を持つ「量子の世界」の物理法則を使って開発されたものです。
　今日お話しした不思議な量子の世界は自分には全然関係ない、なんてことはありません。皆さんが毎日使っているスマートフォンの半導体。あれも、量子の持つ二重性を応用して作られています。この、波でもあり、粒でもあるという不思議な性質、これなくして半導体は動きません。とても身近なものなのです。
　どうか、今度スマートフォンを使うときには、この量子と二重性のことをちょっと思い出してみてください。
　これで今日は終わります。

C 内容確認問題　解答

(1) 1　〇　　2　×　　3　×　　4　〇　　5　〇

(2) 1　z_1+z_2

　　2　①　a
　　　　②　b

(3) ([A] は、) 電子が2つのスリットのどちらを通っているか観測せず、実験した。

([B] は、) 電子が2つのスリットのどちらを通っているのかを観測する目的で、スリットを囲んでコイルを置き、電子が通ると電流が流れる装置で、実験した。

(4) (「量子の二重性」とは、) 量子はとても小さいので、波のように動くこともあれば、小さい独立した塊のように動くこともあるという、2つの性質が見られる、ということ。

(「量子の二重性」を応用して、) 量子コンピュータや、スマートフォンの中に入っている半導体などが開発された。

第7課

日本は「国土が狭くて人口が多い」という神話

スクリプト

1　はじめに

　こんにちは。本日講義をします春名展生です。本日は、日本は国土が狭くて人口が多いという「神話」についてお話しします。「神話」ということは、それは客観的な根拠があるわけではないということです。

　日本では、日本は国土が狭くて人口が多いという考えが、かなり広く共有されています。しかし、この考えは事実の認識として正しいのでしょうか。皆さんも、ぜひ考えてみてください。考えるための手がかりとして、二つの質問を出します。

　まず、日本は人口の多い国でしょうか。この問いには、皆さんの意見は一致すると思います。世界で人口が1億人を超える国は、10カ国ほどしかないからです。それでは、次に、日本は国土の狭い国でしょうか。

　この問いについては、皆さんの間で意見が分かれるのではないでしょうか。確かにロシアや中国と比べれば日本は狭いですが、日本は大部分のヨーロッパの国々より国土が広いですよね。そう考えると、日本は「国土が狭い」とは単純に言いきれないでしょう。

　以上、二つの質問を通してわかることは、日本は「国土が狭くて人口が多い」という考えは、事実そのものの表現ではないということです。別の言い方をしますと、それは一つの見方なのです。特定の見方というのは、特定の人々によって、特定の考え方にもとづいて形成されるものです。

　それでは、「日本は国土が狭くて人口が多い」という見方は、いつ、どのような人々によって、どのような考え方にもとづいて形成されたのでしょうか。さらには、この見方はどのように広まったのでしょうか。この講義では、このような内容についてお話しします。

　ここで、講義の進め方について簡単に説明します。まず、一人の人物に注目して、

この見方がいつ形成されたのか、そして、この見方の背後にどのような考え方があったのかを探ってみます。その後、この見方がどのように広がり、どのように受け継がれてきたのかについて考えてみましょう。それでは、ここから本論に入りたいと思います。

2　志賀重昂とダーウィン

　実は、日本は国土が狭くて人口が多いという考えは、日本の人口が今よりずっと少なかったころから存在します。100年前、1918年に、当時の著名な地理学者が出版した本には、この考えがはっきり記されています。

　その本を書いたのは、志賀重昂という早稲田大学の地理学者で、『日本風景論』の著者として知られています。その志賀が1918年に『世界当代地理』という本を出版したのですが、その表紙には次のように書かれています。

　　　　国土は狭小、人口は激増、日本人は到底如何すれば衣食し得べきや

　国土が狭いにもかかわらず、人口が急激に増えている。日本人はいったいどうやって生活していけばよいのか。このような意味の文章が表紙に書かれているのです。この本は志賀が亡くなる10年ほど前に書かれたのですが、志賀は若いころから、同じような危機感を抱いていたと言っています。そもそも志賀が地理学者になったのは、日本人が住むのに適した土地を海外で探すためだった、と志賀は言っているのです。

　それでは、志賀は、なぜ日本は土地が足りないと考えるようになったのでしょうか。地理学者の志賀は何度も世界を旅しているのですが、ここでは、志賀の最初の航海に注目したいと思います。志賀は、まだ20代前半のころ、海軍の船に乗り込み、南太平洋を旅しています。この航海は10か月ほどにおよび、その間、志賀はオーストラリア、ニュージーランド、あるいはハワイ諸島などを旅しています。

　実は志賀は、この航海に一冊の本を持っていったと言っています。その本とは、ダーウィンが書いた『ビーグル号世界周航記』（*The Voyage of the Beagle*）です。皆さんも、ご存知ではないでしょうか。ビーグル号というのは、ダーウィンがガラパゴス諸島を訪れたときに乗った船です。このガラパゴス諸島の訪問が、ダーウィンが『種の起源』（*The Origin of Species*）という独特の進化論を書くきっかけになったのです。『ビーグル号世界周航記』を携えて船に乗り込んだ志賀は、わざわざ「ダーウィン先生」と「先生」をつけて呼ぶほど、ダーウィンを尊敬していたそうです。志賀がそれほどダーウィンの影響を受けていたのであれば、日本の人口は国土に対して多すぎるのではないかという志賀の心配も、ダーウィンの影響を受けていたのではないでしょうか。

皆さんは、もちろん、「生存競争」いう概念を知っていると思います。しかし、なぜ「生存競争」が起きるのかと聞かれると、意外と答えられない人が多いかもしれませんね。実は、ダーウィンの「生存競争」は、人口と深く関係しているのです。

ダーウィンは、トマス・ロバート・マルサスの『人口論』（An Essay on the Principle of Population）を読んで「生存競争」を思いついた、と言っています。ご存知だと思いますが、マルサスは、人口は食糧よりも速いスピードで増える傾向があると考えていました。マルサス自身の言葉を紹介しますと、マルサスは「人口は等比級数的に増加するが、食糧は等差級数的にしか増えない」と言っています。「等比級数」というのは、1、2、4、8…と増えていくもので、「等差級数」というのは、1、2、3、4…と増えていくものです。マルサスは、この仮説を出発点として、人口の動きについて考えたのです。

人口が増えすぎると、食べ物を手に入れられない人々が出てきます。つまり、貧困が発生するのです。十分に食糧も手に入らないほどの貧困に苦しむ人々は、子孫を残せないでしょう。マルサスは、このようなロジックによって、人口の規模は調整されると考えたのです。

このロジックを生物の世界に持ち込んだのがダーウィンでした。自然界でも、動物は食糧が足りなくなるほど急速に増える傾向がある、とダーウィンは考えたのです。食糧が足りないという厳しい環境のなかで、何とか生き抜くこと、そして子孫を残すこと、その奮闘が「生存競争」なのです。

それでは、志賀重昂は、このダーウィンの理論から何を読み取ったのでしょうか。志賀は、札幌農学校、つまり現在の北海道大学で学んでいたころに、ダーウィンについて学び、『種の起源』を読んだと考えられています。ここでは、その当時の日本社会を思い浮かべ、そのバック・グラウンドを手がかりとして、志賀がどのように『種の起源』を読んだのかを探ってみたいと思います。

3　明治時代の日本

志賀が学生であった明治時代前期の日本は、つまり19世紀後半の日本は、まさに「文明開化」の時代にありました。西洋建築があらわれ、鉄道が走り、大学が誕生した時代です。その一方で、明治時代の前期は、人口が急激に増えはじめた時期でもありました。

日本の人口は、17世紀の間に大幅に増えたあと、19世紀の後半にいたるまで、150年ほどの間、ほとんど増えていませんでした。しかし、明治時代に入ると、再び人口は増えはじめたのです。しかも、その増え方が急でした。1870年代の初めに3,300万人ほどであった日本の人口は、1910年代に5,000万人を超え、1920年代に6,000万

人を超え、そして、1930年代には7,000万人を超えたのです。

　このように急速に人口が増加しているなか、志賀はダーウィンの進化論を読んだのです。「生存競争」が起きるメカニズムを知った志賀が、日本の将来に不安を感じたとしても、不思議はないでしょう。このまま人口が増えつづければ、食糧が足りなくなり、大変な貧困と飢餓が発生する、などと志賀は心配したのではないでしょうか。

　南太平洋への航海から帰国した志賀は、1887年に『南洋時事』という本を出版しているのですが、そのなかで、志賀はダーウィンとマルサスにならった人口の計算を行っています。人口は「利息算術ノ重利法」、つまり複利法にしたがって増えるので、日本の人口は、50年後に6,200万人に達するというのです。しかし、その一方で、国土は大きくならないため、どのようにして6,200万人もの人々の生活を守ることができるのか、と志賀は訴えています。

　その後、志賀自身が追求した解決策は、移民の奨励でした。1890年代はじめの日本では、東邦協会、海外移住同志会、さらには殖民協会といった移民を奨励する組織が設立されましたが、志賀は、そのすべてにかかわっています。そして、これらの組織は、いずれも志賀と同じような主張を展開しています。つまり、国土が大きくならないのに人口だけが増えれば、日本は危機に陥ると訴えたのです。

　たとえば、海外移住同志会が設立されたときに発表した文章には、次のように書かれています。

> 今や我国は人口処分の大問題に上れり。蓋し限りある国土の面積を以て限りなき人口の繁殖を致す。一国経済の上政治の上困弊到らざらんことを欲すと雖も豈に其得べけんや。

　今や日本は、人口にどのように対応するかという大問題に直面している。面積に限りがある国土のうえで限りなく人口が増えれば、経済と政治が困難に陥らないように願っていても、危機は避けようがないだろう。このような意味です。

4　戦争と「狭い国土」の神話

　それでは、この考え方は、どのように普及していったのでしょうか。ここでは、戦争が果たした役割を指摘したいと思います。というのも、この考え方は戦争を正当化するために利用されたからです。

　明治時代の日本が行った最初の戦争は、中国との間で戦われた日清戦争です。この戦争の最中、徳富蘇峰という著名なジャーナリストが、『大日本膨脹論』という刺激的なタイトルの本を出版しています。

そのなかで徳富は、日本は六畳の部屋に二人で住んでいるような狭い国土しかないのに、毎年40万人も人口が増えている。この状況が続けば、いつかは人が人の上で暮らすような時代が来てしまうと書いています。そして、そのような将来を避けるには、日本は、今後60年の間に国土を二倍に拡大する必要があると主張しているのです。

　この戦争の10年後、日本は、今度はロシアと戦争を始めます。開戦前、特に一年ほど前から、ロシアと戦争をするべきかどうか、知識人たちの間で論争が交わされました。そのなかで、政府に対して開戦を訴えた7人の博士がいました。今とは違って、当時、博士というのは、大変に数の少ないエリートでした。ロシアとの開戦を主張した7人の博士ですから、まとめて「日露開戦七博士」と呼ばれています。

　この七博士のなかでリーダー的な存在として活躍したのが、戸水寛人という東京帝国大学の教授でした。そして、その戸水は、日本の国土は人口に対して狭いと主張していたのです。具体的にいいますと、日本の人口は一年に50万人ずつ増えているので、その増える人々が生活できるようにするには、日本は中国の東北部、つまり満洲を獲得しなければならない。そして、満洲を手に入れるには、まずロシアを満洲から追い出さなければならない。このような論理で、戸水はロシアとの開戦を主張したのです。

　日本が最終的に満洲の全域を支配するのは、1932年です。その前年に始まった満洲事変の結果、日本は「満洲国」という国をつくったのです。その際、当時の陸軍次官・柳川平助は、満洲国は日本を守るために必要であるだけではなく、人口問題を解決するうえでも役に立つと主張しています。

5　おわりに

　最後に講義の内容をまとめてお話ししたいと思います。

　この講義では、日本は狭くて人口が多いという見方が、いつ、どのような事情で形成されたのか、さらには、そのような見方がどのように広まったのかを探ってきました。

　まず、いつ形成されたのかという問いに対しては、1890年代のはじめが答えになるのではないかと考えられます。

　その当時、東邦協会、海外移住同志会、殖民協会など、海外に移民を送り出そうと主張する組織が次々と設立されました。それらの組織は、国土が広くならないのに人口だけが増えれば、国は危機に陥ると訴えたのです。

　次に、そのような危機感がなぜ形成されたのかを振り返ってみます。

　当時の人口は、現在の3分の1ほどしかありませんでしたが、ただ、急激に増えてはいました。そして、当時の日本には、人口の増加に対する不安をかき立てる理論が知識

人たちの間で広まっていたのです。それはダーウィンの進化論です。この講義では、ダーウィンの理論から人口の増加に対する不安を導き出した人物として、地理学者の志賀重昂に注目しました。

　日本は国土が狭いのに人口が多いという見方は、1890年代以降、さまざまな戦争を正当化するために利用されました。この講義では、日清戦争、日露戦争、そして満洲事変についてお話ししました。このような戦争の経験を通して、この見方は国民の間に広がっていったのではないでしょうか。

　戦争を正当化するという役割を終えたあとも、この見方は、現代に至るまで受け継がれてきたようです。皆さんも、周りの日本人に聞いてみてください。きっと多くの日本人が、日本は国土が狭くて人口が多いという見方に賛同してくれることでしょう。これで講義を終わりにします。

C 内容確認問題　解答

（1）1　①　a　②　c

　　2　㋐　b　㋑　a　㋒　d

　　3　〈1〉　c　〈2〉　d

（2）1　海外への移民を奨励する組織が次々と設立された1890年代のはじめに、このような見方が形成されたと考えられる。

　　2　ダーウィンが『種の起源』で示した「生存競争」という考えの影響を受けている。

　　3　人口の増加による貧困の危機を避けるには国土を拡大するしかないという、戦争を正当化するための根拠として利用され、ジャーナリスト、徳富蘇峰の『大日本膨脹論』や日露開戦七博士の論争を通して広がっていった。

　　4　日本は「国土が狭くて人口が多い」という見方は、ダーウィンの「生存競争」の概念と明治時代に急増した人口問題を背景に形成され、国土の拡大を目的とした戦争を正当化するために広められた見方で、客観的な事実とは言えないから。

第8課

文化を読み解く
—— ホフステードの研究から「不確実性の回避」——

スクリプト

　みなさん、こんにちは。小松です。
　昨日、日本に来たばかりの留学生に会ったら、「先生、東京の電車は3分遅れただけでも車掌さんがおわびのアナウンスをするんですね」と驚いていました。その学生の国では、10分以上遅れても車内アナウンスが入ることはないそうです。東京ではよくあることでも、他の国にはない習慣なんですね。みなさんも、自分の国と違う習慣に驚いた経験がありますか。

　今日は、前回に続いて、「文化を読み解く」というテーマで、ホフステードの研究について勉強します。
　まず、ホフステードの研究について、簡単に振り返ってみましょう。国民文化の違いに興味を持ったオランダの研究者ホフステードは、53の国と地域の人々の価値観についての調査を、統計的に分析しました。そこで、問題の解決の方法が国によって異なる四つの文化の次元を見いだしました。ここで言う文化とは、人々の考え方、感じ方、行動の仕方のことを指し、ルール化されて家庭や教育などで次の世代に受け継がれるもので、ホフステードは、文化をメンタル・ソフトウェアと呼んでいます。
　その研究から、ホフステードは1980年に『経営文化の国際比較』という本を出版しました。1980年と聞いて、みなさんは、ずいぶん前の研究だな、と思ったかもしれませんね。ホフステードは、その後の研究成果を取り入れて、1991年には『多文化世界』を出版し、2010年には、二人の研究者と共に、新たなデータ分析も取り入れた『多文化世界』の第三版を出版しました。そこでは、対象とした国も文化の次元も増えて、76の国と地域のデータと六つの次元が紹介されています。
　ホフステードによると、以前の調査から30年が経っても「不確実性の回避」の調査結果は安定していて、国の相対的な位置づけには変化がないそうです。今日は、その「不確実性の回避」について見ていきましょう。

不確実性の回避とは、ある文化で人々があいまいさや未知の状況に対して脅威を感じる程度、と定義されています。どの国で暮らしていても、これから何が起こるかわからない不確実性はありますが、先のことがわからないと不安だと恐れるのは不確実性の回避が強い社会、一方、先のことはあいまいでも快適に過ごせるなら不確実性の回避が弱い社会と言えます。

　不確実性の回避が強い社会では、不確実さは取り除かなければならないものであり、ストレスが強く、不安感が漂っています。不確実な要素を取り除く方法として法律や規則が多く、子供たちは汚いものやタブーについて厳しく教えられます。安全であることが重要で、社会の制度や人間関係は、近い将来のことが予想できる構造になっています。従うことが難しい規則でも、規則があるほうが安心なのです。時は金なり、というように、いつも忙しく働いています。違うということは危険であるという考えがあって、その感情は移民や難民にも向けられる、とホフステードは述べています。

　一方、不確実性の回避が弱い社会では、確実でないということを受け入れていて、ストレスは低く、不安感も低く、子供たちは汚いものやタブーについて、あまり厳しく言われません。達成することが重要で、やり方にこだわらずフレキシブルです。絶対に必要な規則でない限り、守れない規則ならば変えてしまえばいいのです。不確実性の回避の弱い国の人には、たとえ効果はなくても規則があるというだけで安心できるということは、理解できないかもしれません。時間は自分を方向付ける枠組みであり、絶えず気にするものではありません。また、違っていてもいい、違うということは興味をそそる、と考えます。

　ここで考えてみてください。みなさんは、日本の不確実性の回避の傾向は、強いと思いますか、弱いと思いますか。

　実は、日本社会の不確実性の回避の傾向は強いと言われています。2010年に示された76の国と地域のデータでは、日本は強いほうから11番目でした。この図は、ホフステードのデータからの抜粋です。最も不確実性の回避が強いのはギリシャで、中南米諸国も不確実性の回避が強いですが、中米でも英語圏のジャマイカは弱いですね。欧米では、ポルトガル、フランス、スペインは強く、オーストリアやドイツなどは中程度より少し強く、カナダやアメリカ、イギリスは弱くなっています。アジア諸国を見ると、韓国は不確実性の回避が強めですが、インドネシア、フィリピン、インド、マレーシア、中国、ベトナムなどは弱く、シンガポールは76の国と地域の中で最も弱くなっています。

　不確実性の回避は、前回取り上げた個人主義・集団主義とは異なり、同じ地域の中でも違いが大きいので、日本とアジア諸国の違いやヨーロッパ諸国間の違いを理解す

るフレームワークになるかもしれません。

では、不確実性の回避の強さは、社会の中で具体的にどのように表れているとホフステードは考えているのでしょうか。

この違いは、教室での学習活動にも表れます。ホフステードによると、教師を対象とした国際的なプログラムに参加したドイツ人は、目標がはっきりしていて、細かい課題が与えられ、時間割がきっちりしているような、構造化された学習の場を好みました。

一方、イギリス人の参加者は、目的があいまいで、幅広い課題が与えられ、時間割などない、自由な学習の場を好みました。ただ一つの正解を見つけ出すスタイルの学習を好むドイツ人に対し、イギリス人は、正解は一つだけではなく、独創性が評価される、と期待していました。

ドイツ人の反応は不確実性の回避の強い国で、イギリス人の反応は回避の弱い国で典型的に見られるものだそうです。

不確実性の回避の強い国では、教師は何でも答えられる存在であり、回避の弱い国では、教師が「わからない」と言うこともある、とされています。

また、不確実性の回避の強い国では、研究上の意見が対立すると友人関係を保てなくなりますが、回避が弱い国では、研究の上では意見が違っていても友人でいることができる、と言います。これは、日本で研究生活を送る上で覚えておくとよいかもしれません。

不確実性の回避の強さは、日本社会に他にどのように現れているのでしょうか。

留学生から、「日本は規則が多すぎる」、「日本人は融通がきかない」という声を聞きます。これは、規則を設け、それを厳しく守ることで不確実な状態を避けようという日本人が持つ価値観を不確実性の回避が弱い国からの留学生が感じているのかもしれませんね。確かに、日本の学校には細かい規則がありますし、結婚のお祝いの贈り方にも決まりがあり、講義でこのような日本の習慣を取り上げると驚く留学生がいます。街中で車を運転していると、道路にカーブミラーがたくさん設置されていますし、合流地点では1台ずつ交互に譲り合うのが習慣ですが、ここにも不確実さを減らして安全に暮らそうという価値観が表れています。

講義の初めに電車の遅れのアナウンスに驚いた留学生の話をしましたが、電車やバスは時刻表通りに走るものだという感覚にも、不確実性の回避の強さが関係しているのかもしれません。

不確実性の回避が強い国では、従業員も経営者も長期雇用を望むそうです。アメ

リカでは、大学を卒業して就職する若者には即戦力が求められる一方、より良い職場があれば比較的短期間に転職することが珍しくないのに対し、日本では、大卒の新入社員には定年まで勤務することが期待されていて、その会社の人間として仕事ができるよう、入社してから研修が行われます。日本で就職したいというアジア出身の留学生から、3年ぐらい経験を積んだら退職して他の国で働きたいという話を聞きます。この日本企業と留学生の期待の違いには様々な要因があると思いますが、不確実性の回避の違いも考えられるでしょう。

　ホフステードは、法律の制定には、前回の講義で取り上げた個人主義と集団主義の程度も関係している、と述べています。情報は、個人主義的な文化では言葉で表現されますが、集団主義的な文化では関係者の間では言葉で表さなくてもわかるもの、とされていることを勉強しましたね。日本のように不確実性の回避が強く集団主義の国では、規則はしばしば暗黙の了解であり、伝統に根ざしています。欧米の交渉相手が日本のシステムにある暗黙の規則を理解するのは難しいでしょう。国際的な交渉の摩擦の背後には、そのような価値観の違いもあるのではないでしょうか。

　このように、文化を読み解くには、一つの次元だけ用いたのでは充分でないことがあります。文化を読み解くフレームワークを複数持つことで、より深く文化を理解できるでしょう。
　最近は、街を歩くといろいろな言葉が聞こえてきて、日本でも異なる文化背景を持つ人々と会う機会が増えているのを感じます。平和に共存するためには、自分と違う考えの人がいるということを認めることが必要です。ある文化に広く見られる価値観を知ることで、他の国の人を理解する助けになるのではないでしょうか。

　文化を読み解く上で、気をつけてほしいことが二つあります。
　一つは、「すべては相対的」だということです。よく、アメリカ人は個人主義、日本人は集団主義、と言われますが、日本より集団主義の度合いが強いアジアからの留学生には、日本が個人主義に見えるそうです。いずれの文化の次元についても、相対的に見ることが必要です。
　もう一つは、ステレオタイプ化しない、ということです。どの国の人も、ひとりひとり特有のパーソナリティーを持っています。この人はあの国の人だからこの次元が強い、と決めつけてしまうのは危険です。ホフステードは、文化の次元は実在するものではなく、理解の助けになるよう作り上げたものだと言っています。固執する必要はないのです。

ホフステードらの著書『多文化世界』第三版は、日本語訳が2013年に発行されています。興味がある人は、読んでみるといいでしょう。
　これで今日の講義を終わります。

C 内容確認問題　解答

（1）1　A　2　A　3　B　4　A　5　B　6　B　7　A　8　A　9　B

（2）1　考え方、感じ方、行動様式。「メンタル・ソフトウエア」とも言われる。
　　 2　ある文化の成員があいまいな状況や未知の状況に対して脅威を感じる程度。
　　 3　(不確実性の回避が強い社会では)不確実性は取り除かれなくてはならず、ストレスが強く、不安感が漂っている。
　　 4　(不確実性の回避が弱い社会では)確実でないということを受け入れていて、不安感は低く、ストレスも少ない。
　　 5　①すべては相対的であることを意識すること。
　　　　②ステレオタイプ化しないこと。

第9課

食料自給率から見た日本の食生活の変化

スクリプト

　こんにちは。日本の農村社会の歴史を研究している野本です。どうぞよろしくお願いいたします。

　今日の授業では日本の食生活の変化について食料自給率の変化を通して考えてみたいと思います。食料自給率とはどれだけ国内でその国の食料を賄えているかを示す数字です。ただし、その食料自給率にもさまざまな区分があります。それではまず、どのような区分があるのかを見てみたいと思います。ホワイトボードをご覧ください。

　（1）カロリーベース食料自給率
　（2）重量ベース食料自給率
　（3）生産額ベース食料自給率

というように三つの区分があります。このうち最も一般的に使われている自給率が、この（1）の「カロリーベース食料自給率」だと思います。

　2006年（平成18年）に、「日本の食料自給率は40パーセントを下回って39パーセントになってしまった」と注目されたのは、この（1）のカロリーベース食料自給率のことです。毎日新聞は2008年「食料小国ニッポン」という記事を連載いたしました。この小国という言葉は、「頼りない国」という意味がこめられています。記事では、「自給率39パーセントの現場」という特集が掲載されていますが、この39パーセントという数字がいかに大きな衝撃を与えたかを意味していると思います。また、政府は当時、2015年までに39パーセントから45パーセントにしたいという目標を掲げました。しかし現実にはすでに2015年は過ぎたわけですが、2015年の数字は39パーセントというままでした。つまり、目標は達成できなかったのです。

　では、他の国々の自給率はいったいどのぐらいなのでしょうか。参考までにお話しいたします。2013年の数字ですが、お隣の韓国では41パーセントでした。以下は2011年の数字になりますが、フランスは129パーセント、アメリカは127パーセント、

ドイツ92パーセント、イギリス72パーセントでした。フランスは実は農業国であるということが、この数字からもよくおわかりになると思います。実は、ここでは詳しくお話しできませんが、フランス、ドイツ、イギリスといった国々もこの自給率は以前はもっと低かったのです。それがだんだん上がって、この数字になったということです。やはり、それぞれの国がこれではいけない、ということで、食料自給率を上げる努力を重ねてきた、ということになります。

　では、食料自給率にもいろいろな区分があることを確認した上で、日本における食料自給率の変化について見ていきたいと思います。1960年（昭和35年）から2015年（平成27年）の間について見ていきたいと思います。配付資料の1をご覧ください。そこからどんな変化が読み取れるでしょうか。一人一年あたりのお米の消費量をご覧ください。これを見ますと、1965年から2015年のカロリーベースの食料自給率の低下と、一人一年あたりの米消費量の減少がパラレルな動向を示していることがわかります。数字を見てご確認ください。1960年から2015年を眺めてみますと、さまざまな変化がここからも読み取れると思います。

　まずは消費という面から、一人一年あたりに主食であるお米を、どのぐらい食べていたかということを確認しましょう。この統計の中でのピーク、一番たくさんの量を食べていたのは1962年（昭和37年）の130.4キログラムということになります。それが2015年を見ますと、56.9キログラム[*1]というように半分近くまで減っていることがわかります。同じようにカロリーベースの食料自給率、上から3番目のところを見ていきますと、同じようなペースで減っている、ポイントが落ちているということに気づきます。

　資料2は毎日新聞2008年6月25日の記事ですが、先ほどお話しした「食料小国ニッポン、自給率39パーセントの現場」という特集記事です。食料自給率と米消費量の推移をグラフ化していてわかりやすいと思います。これを見ますと、一人一日あたりの米の消費量と、食料自給率とが、並行して下がってきている、ということがはっきりわかります。この授業のタイトルは実はここに注目したものです。

　では、米の消費量の減少と食料自給率の減少とはどのように関係しているのでしょうか。つまり「消費」と食料自給率が示している「生産」との関係です。まず考えられるのは、消費者、つまり食べる側の食生活の変化ということです。一方、自給率について考える場合、生産者の側、つまり農業生産を取り巻く諸状況についても考える必要があります。例えば、パンの消費が増えて米の消費が減り続けたとします。それにもかかわらず米の生産が維持されたとすれば、当然、米は売れ残ってし

---

*1　玄米換算では60.3キログラムです。

まいます。そして、当時農家から米を買い上げていた政府は、売れ残った米を抱え、財政赤字が増加していきます。

　この状況への対応策が1970年から始まった減反政策でした。減反政策というのは、政策的に「米を作らない、作らないでほしい、作らないことの方が望ましい」とする政策のことです。この結果、日本の水田面積の約30パーセント、そのように大きな面積の水田が、米を作らない、正確には作れない、ということになったのです。

　このような日本国内の減反政策のほか、国際的視点でいえばGATT（関税及び貿易に関する一般協定）と、WTO（世界貿易機関）体制下の農産物の輸入自由化といった諸問題が、食料自給率については深くかかわっています。ただし、この講義では食生活の変化の方に焦点を当てて考えてみましょう。

　それでは次に国民一人一日あたり供給熱量の推移について検討していきましょう。資料の3をご覧ください。こちらは品目ごとの食料自給率、カロリーベースの推移です。人は食べ物からいのち、そして活動を維持するために必要な熱量を摂取しています。これを調べてみますと1965年（昭和40年）の一人一日あたり供給熱量は2,459キロカロリーです。年代を追って見ていきますと、1980年（昭和55年）には2,562キロカロリー、2011年（平成23年）には2,436キロカロリーです。健康志向が強まったこともあり、近年は減少傾向であることがわかります。注目していただきたいのは、一人あたりの供給熱量のうち、主食、つまりお米の占める比率がどのくらいであったのか、ということです。そうしますと、1965年は2,459キロカロリーのうち、1,090キロカロリー、つまり44.3パーセント、その半分近くを主食から取っていたことがわかります。それでは2011年はどうなっていたのでしょうか。米からは562キロカロリーを摂取しています。これは23.1パーセントという数字になります。44.3パーセントから23.1パーセントというように半分近くまで構成比が減っています。これは食生活のなかで主食の占める比重（位置）が減っていることを示しています。では、この減少分、何が増えているのでしょうか。

　もう一度資料3をご覧ください。まず、小麦について計算してみますと、1965年の段階で11.9パーセント、2011年は13.5パーセントになります。小麦はそれほど急激に増えたとは言えませんが、1パーセントであれ2パーセントであれ増えるということは、それなりに大きな意味を持ちますし、何より小麦の自給率はこの間28パーセントから11パーセントに減っていることに留意しましょう。

　では順番に見ていきましょう。まず畜産物です。肉類、鶏卵、そして牛乳、乳製品、バターやチーズですね、これは1965年には6.4パーセントでした。それが2011年になりますと16.3パーセントというように倍増しています。タンパク質をたくさん取るようになったことがわかります。次いで、砂糖ですが、かつては豊かさのバロメーターと

も言われ、戦前から戦後にかけて甘いものに飢えていた時代もありました。注目したいのは、摂取カロリーを見ますと、平成に入り減少傾向にあります。これは健康志向が強くなってきたことを表していると思います。砂糖を取り過ぎるのは、健康、特にダイエットが必要な人にはよくないといったことが言われ始めたのです。つまり、「糖分控えめ」ですね。このような社会の傾向が影響していると思います。このほか、米に代わるものといいますと、油脂類、油類も1965年の6.5パーセントから2011年には14.0パーセントというように、かなり構成比を伸ばしています。

　以上、一人あたりの供給熱量の中身（どのような食品からカロリーを摂取しているか）について見てまいりました。時代ごとに見ますと、高度経済成長期までは、構成比の半分近くを米を中心とした主食で取っていたのですが、時代が下るにつれ、どんどんその比率が下がり、肉類や乳製品などのタンパク質の食品が代替していった、ということがわかります。

　もちろんこの背景としては、高度経済成長期以降の消費生活が非常に豊かになったということが挙げられます。戦後の食生活の変化については、よく指摘されるのは、「米食」から「粉食」への変化です。それではこの「米食」から「粉食」への変化がどういう意味かを考えてみましょう。戦後、副食（おかず）の比重が非常に上がってきて、お米の比重が下がってくるというのは、高度経済成長期を経て生活が豊かになり、副食の比重が増えてきたということにとどまらないのです。

　では、それはどういうことでしょうか。お米を基本とする「米食」が減って「粉食」つまりパン食が普及していった要因として学校給食があります。この給食を通じて、日本の食生活において、主食である米に代わるものとしてパン食が入ってきたと言えると思います。義務教育での、学校教育での学校給食の普及・浸透は学校だけにとどまらず、子どもたちそれぞれの家庭へと広がっていきます。その背景として戦後のアメリカの食料戦略があったと言えるでしょう。1945年の敗戦にともない1951年まで、日本は連合国軍の占領下に置かれます。今日はこのことについての説明は詳しくはお話しできませんが、小麦の産地であったアメリカの食料戦略とかかわって、戦後、大量の小麦が日本に入ってきました。学校給食でのパン食の普及は、この点にもかかわっていたのです。

　そして、このように「米食」から「粉食」への変化は、主食に合う副菜、つまり副食、おかずですね、そのおかずが変わってくることを意味しています。米食に合う副食、おかず、それからパン食に合うような副食、おかずというように、食生活の内容自体が変わっていったということを表しているのです。

　このような変化にかかわることとして、まだ米余り、米の過剰が言われる以前に、米に偏った食生活からの脱皮ということが強調された時期があったこともお話しして

おきたいと思います。「米は塩を運ぶ車」、「小麦は油、つまり脂肪とタンパク質を運ぶ車」というようなことが言われました。つまり、米食は味噌汁や漬物といった高血圧になりやすい、塩分の濃い副食をともなう一方、パン食は肉類などの栄養豊かなタンパク質に富む副食をともなっており、パン食の方がバランスのよい食生活につながる、というキャンペーンです。今から思うとおかしな、極端な言い方ですが、頭脳の働きが鈍くなる一因としてビタミンB₁の少ない白米を挙げるような栄養学的研究も登場しました。「お米を食べると頭が悪くなる」というようなことが、まことしやかに言われたことがあったのです。背景にはさまざまな政治的要因がありました。例えば、アメリカの団体が資金を提供して、パン食の普及につとめ、日本食生活協会という組織が、キッチンカー事業を立ち上げ、パン食に合うような副食の作り方やパン自体の作り方といったようなことを、全国を車で回りながら宣伝していったのです。

　一方、安いアメリカ産小麦の輸入にともない、国内での小麦生産はどんどん栽培面積が減っていったのです。1960年の国産小麦の自給は39パーセントでしたが、2013年には12パーセントへと下がります。実はこういったことが食料自給率にも大いに影響しましたし、食生活にも影響を与えたのです。また、外食産業も1970年くらいからどんどん伸びていくのですが、ファミリーレストランやファーストフード店でどんなメニューが提供されてきたのかということも、食生活や食料自給率の変化と深くかかわっています。

　以上、食料自給率の変化と食生活の変化が深くかかわっているということを概観してきました。それから、戦後の日本の食生活において、自給的な作物である米の食卓での位置がどんどん下がっていき、一方で、タンパク質が非常に大事であるということが強調されていったことも確認いたしました。社会が豊かになるにつれ、生活の豊かさが追求されました。そして、それは食生活も例外ではなかったということです。これには牛肉やオレンジの輸入自由化といった、国際的な農産物の移動、つまり国際的に自由に商品を売買しようという流れですね、そういうものが大きくかかわっていたと言えます。

　ただ、いずれにしましても「飽食」の時代と言われる現在、食は「いのちの源」「いのちの糧」であると思います。どのような変化が私たちの食卓において、どういうきっかけで起きているのかということについて、私たち一人ひとりが考えてみることがとても大切だと思いませんか。毎日何を食べているのか、それがどういうことでそういう変化が起きているのかということは、私たちが考えてみるに足る、とっても大切なことだと思うんですが、いかがでしょうか。

　最後に「身土不二」という言葉についてご紹介したいと思います。ちょっと書いて

みます。この字は身体と土は分かちがたく結びついているということです。では、それはどんなことを意味しているのでしょうか。これはその人が生まれ、生活する風土、そこから収穫されたものを食べて、健やかな生活をしていく、そういう主張だと思います。この短い講義の最後にこの「身土不二」という言葉を皆さんにお送りしたいと思います。どうもご清聴いただいてありがとうございました。

C 内容確認問題　解答

（1）食生活の変化

（2）減ったもの：米
　　　増えたもの：小麦、油脂、畜産物（肉類、乳製品）

（3）以前は必要カロリーの半分近くを自給的作物である米で占めていたが、その消費量が減り、代わりに輸入農産物の消費が増えたこと、国の政策や世界の動きなども加わり、自給率の低下につながった。

（4）アメリカの食料戦略を背景とする、米に偏った生活からの脱皮とパン食の普及により食生活が米食から粉食（パン食）へ変化し、パン食に合うような副食、おかずが増えたため、畜産物、小麦の消費が増えた。

（5）「食料小国ニッポン」：日本は食料自給率が39％と非常に低い、（他の点では大国かもしれないが）食料に関しては小さい、頼りない（不安定な）国である。
　「飽食の時代」：食べ物が多く、有り余って、食べ飽きているような状況
　「食はいのちの糧」：食べることは生命を育み、命（生活）を支える大事なものである。
　「身土不二」：体とその体を生んだ土地とは分かちがたくつながっている、その土地で生産されたものを食べることが健やかな身体を育む。

（6）外国からの食料にこんなにも頼っていていいのかをまず考えることと、自分の地域のものを食べて育つことの大切さ。

（7）要約例　（252字）
　日本の食料自給率は、1960年代から2015年現在までで39パーセントにまで

低下した。その変化は米の消費量の低下と並行的な関係にあり、自給的な作物である米の消費量が減ったことは直接的に食料自給率の低下に結びついていると言える。戦後、アメリカの食糧戦略により小麦の輸入、消費量が増え、それに伴いパン食に合う副食として肉などのタンパク質を取ることが強調されたこと、さらに消費生活が豊かになり副食の比重が高くなったこともあって、日本の食生活は米中心から畜産物、油脂、砂糖が増えるなど大きく変わってきた。

食料自給率から見た日本の食生活の変化　構成表

はじめに	テーマの提示		食料自給率から見た日本の食生活の変化
	食料自給率	定義	自国で消費する食料の自国での生産の割合
		分類	カロリー（よく使われる）、重量、生産額
		現在の日本の状況	39％の自給率を上げる目標を掲げたが、上がらなかった（2006〜2015）
		諸外国の状況	ヨーロッパは食料自給率を上げた
本題	テーマの検証		食料自給率と米の消費量のパラレルな変化
	生産側から	国内	減反政策
		国外	農産物の輸入自由化
	米の代替品	小麦	消費は増え、生産（自給率）は減った
		畜産品、油脂	増えた
		砂糖	一時増えた（豊かさのバロメーター）→減った（健康志向）
	食生活の変化	米食から粉食へ	パン食が増える→パン食に合うおかず（タンパク質、油脂）
		背景、原因	学校給食（アメリカの食料戦略）
			パン食へのキャンペーン→タンパク質の摂取の奨励
終わりに	まとめ		自給的作物の米から輸入の多い小麦、畜産品中心への食生活の変化
	重要性		食生活について考えることの重要性
	メッセージ		身土不二→現在の日本の食生活の状況への疑問

「文化権」－人権のシンデレラ－

スクリプト

　こんにちは。谷和明です。これから「文化権」をテーマにお話しし、皆さんと一緒に考えていきたいと思います。

1. 人権のシンデレラとしての文化権

　文化権という言葉は聞いたことがない、という人がいるかもしれません。漢字を見ればわかりますが、「文化」という言葉と「権利」という言葉の複合語になっています。この場合、「権利」というのは「人権」、すなわち、基本的人権のことを意味します。だから、「文化権」というのは、すべての人間には文化への権利、文化に関わることがらに対する権利があるということを表現する言葉です。

　このように基本的人権というふうに考えられる文化、それはいったいどういうものなのか。文化、人権、それぞれ非常に広い意味を持っているわけですが、その二つが関わるということはどういうことなのか。そういう視点から、この文化権の問題を考えていきたいと思います。

　ところで、文化権はしばしば「人権のシンデレラだ」というふうに言われます。シンデレラの話は皆さんも知ってると思います。三人兄弟の末娘で、そして、継子としてお母さんやお姉さんからいじめられ、無視されて、しかし、最後に王子様から認められて結婚するという話ですね。

　ですから、「文化権がシンデレラだ」ということは、文化権が人権の中であとになってから一番下に置かれているような、そういう立場にあるということ、それから、まだ世間や周りから評価され、認知されていないということ、しかし、最後には、21世紀になって、これから真価が認められ、その重要性が国際的にも評価されるだろうという、そういう期待を表現する言葉として使われているわけです。

　では、「シンデレラ」として、遅くなりましたが、文化が人権として登場してきた背景、理由を考えてみたいと思います。

まず、第一は、19世紀の後半から進展してきた文化、つまり、学問や芸術の大衆化という事実です。もともと長い間、学問や芸術は一部の恵まれた人々、選ばれた階級の特権物だというふうに考えられ、多くの庶民には関係のない問題というふうに扱われてきました。ところが、19世紀後半になって生活水準の向上、あるいは教育の普及、発展、さらには印刷物、ラジオ、テレビなど様々なメディアの発展によって、多くの人々が学問や芸術に触れ、それを楽しむ、そういうことが日常行われる時代になってきたわけです。つまり、文化というものがすべての人の問題になってきたということです。そこで、すべての人の権利としての文化というものが考えられ、主張されるようになってきたわけです。

　二番目には、これは19世紀の中ごろからの傾向ですが、民族独立という動きが進行してきたということです。特に、20世紀後半、第二次世界大戦が終わったあと、アジア、アフリカの、これまで欧米諸国の植民地であった国の独立が急激に進行しました。そして、新しく形成された国家では、その国の民族、国民独自の生活、独自の言葉、独自の伝統というものを文化として再考し、保存し、教育していく、そういう動きが強まってきたわけです。文化のナショナリズムというふうに言ってもいいかもしれません。このように様々の(な)民族、国民が自分たちの非常に大事な原理として文化を主張し、それを自分たちの権利であるというふうに考えるようになってきたこと、これが二番目の背景です。

　三番目は、そのことも関連しているわけですが、このような民族や国民の文化の形成とともに、逆にその内部では少数集団、つまり、マイノリティの伝統や言語や宗教が迫害され、禁止されていくという、そういうプロセスが進んできました。ところが、これは20世紀の後半のさらに新しい出来事と言えますが、そのような少数者、マイノリティが自分たちの伝統、自分たちの習俗、そして言語、宗教を自分たちのアイデンティティを表す文化であるというふうに主張し、それを世界から承認され、尊重されることを要求するようになってきた。これが第三の背景として考えられると思います。

　要するに、これらはグローバル化が進む現代にあって、多くの社会、多くの国の多文化化というものが進んでいて、その中で文化、あるいは集団相互の理解、共生というものが重要な課題になっていく。そして、そこにおいて大切な原理として、それぞれが自分たちのかけがえのない大切な文化を持っているということを承認することが非常に重要になってきている。言い換えれば、文化の多様性というものに対する正当な認識とその尊重ということが現代社会の一つの原理となってきている。こういうふうに言えると思います。そこで、文化権というものがより注目を浴びるようになってきているわけです。

2. 基本的人権

　さて、文化権を考えるときに、「文化」あるいは「権利」ということについて、簡単に振り返っておく必要があります。まず、第一は権利、「基本的人権」という問題です。現代社会になって、基本的人権の数や種類はますます増加しつつあります。しかし、それは歴史的に、およそ三つの世代、三つのグループに大別することができます。

　第一の世代は、18世紀から主張されてきた「自由権」と言われるものです。これは国家からの個人の自由、例えば、勝手に逮捕されない、どこにも自由に行くことができる、結婚も自由にできるといった、個人の自由というものを中心に考える、そういう権利であります。最も古く、そして、最も基本的な人権というふうに言うことができます。表現の自由、言論の自由、学問の自由、そういった様々な自由のことです。

　この第一世代のあとに19世紀の後半、あるいは20世紀になってからといったほうがいいかもしれませんが、新しい「社会権」と言われる、そういう人権が重要だと考えるようになってきました。例えば、その家の経済状態に関わらず、だれでも学校に行き、教育を受ける権利、あるいは、病気になったときには病院によって（行って）健康に生活できる権利、あるいは、人間らしい職業に就いて自分で収入を得る権利、病気になったり失業したりしたときには、やはり人間らしい生活を保障される権利、これらを社会権というわけですが、言わば、社会的に弱い立場、あるいは劣位にある人々の基本的な生活を保障するために、国家に対して、例えば学校、例えば病院、例えば社会福祉施設、例えば奨学金などを請求していく個人の権利としての社会権という考え方が広まり、多くの国の憲法にも、それは書かれるようになってきたわけです。

　さて、第三番目、例えばプライバシーの権利であるとか、情報にアクセスする権利のようなものもあれば、環境権、平和に生きる権利、あるいは民族、集団が自分たち独自に経済的、政治的に発展していく、発展の権利というふうなものも挙げられています。そこに共通する一つの特徴として、大なり小なり、それらは個人ではなく、集団の権利という性格を持っているということです。

　ここで少しだけ、この「集団的人権」ということについて触れておきたいと思います。先ほども話しましたが、人権というのはもともと国家からの個人の自由、個人の権利として発展されてきました。ところが、20世紀になって、特に労働運動による労働組合を結成する団結権、あるいはストライキを行う権利、あるいは団体で経営者と交渉する権利といったものがある国の憲法、いくつかの国の憲法には書かれるようになってきました。こういった集団としての労働組合、労働者の権利といったものが新しく基本的な人権として考えられるようになってきたわけです。労働者だけではなく

て、農民の権利もあれば、女性の権利もあれば、あるいは少数民族の権利もある。それぞれの民族はそれぞれの権利を持っているという主張も成立するわけです。

　このような集団的人権という考え方は、先ほど述べたように、比較的社会的に不利益な立場にある集団が、強力な権力や強力な企業と戦う、そして、自分たちの要求を実現していく上で、非常に大きな役割を果たしてきたと言えます。世界には、十分な権利や十分な条件を保障されていない社会集団がいまだにたくさん存在しているわけです。そのような人々が自分たちの立場を主張する、そういうツールとして集団的人権という理論は非常に強い役割を果たしていると言えます。しかしながら、この集団の権利というのをひとたび認めてしまうと、その集団の中に属している個人の自由、個人の権利というものが侵害されやすくなっていくんじゃないかということは、皆さんも感じると思います。というわけで、人権を考える人の中には、集団的人権はすごく魅力的だけれども、非常に危険であるという意見を持つ、そういう人がいるということを忘れてはならないと思います。そして、最後に、ここで注意しておきたいのは、文化の権利、文化権の中には、この集団的権利という性格がかなりの程度強く含まれているということです。

3. 人権としての文化

　では、次に、人権としての文化、文化とはどういうものかということを（に）ちょっと触れてみたいわけですが、ユネスコは、その、最大公約数として、ここに挙げたような定義を挙げています。それは、様々な価値、信念、言語、芸術と学問、伝統、制度、生活様式など、人間の生活におけるすべてのことを含んでいるということと、それが個人、あるいは集団が自らの生活と発展に付与している意味を表現するために用いられているという、この二つの性格です。特に二番目の個人と集団という両方に文化が含まれているということを（に）注意してください。

　この文化の定義というのは非常に広いものですが、それを考える上で、そこに含まれている三つの文化観というものについて簡単に見ておきます。これはイギリスの文化社会学者レイモンド・ウイリアムズという人が言っていることなんですけれども、文化という言葉、この場合は英語のcultureという言葉ですが、そこには歴史的に三つの意味があるんだということです。

　第一番目は18世紀に唱えられたわけですけれども、学問や芸術の創造ということです。そこにおいては、別に時代が変わるから科学的な真理というのが変わるわけではない、あるいは、芸術の美しさっていうものは、どこの国の人にとっても美しいものとして認められるんだという考え方が含まれています。このような文化観というのは18世紀と言いましたが、ちょっと古い文化観だというふうに、皆さんは考えるかも

しれません。しかし、例えば皆さんの中に、ベートーベンやモーツァルトの音楽は文化的だけれども、ヒップホップはあまり文化的ではないよねとか、あるいはピカソの絵は芸術で文化だけれども、トイレの中に書いてある落書き、あんなものは絶対に文化とは言えない、あるいは、ルソーやロックの人権思想は人類の大事な文化だけれども、ヒトラーの『我が闘争』なんていうのは文化とは絶対に認められないというふうに考えるとすれば、そのような文化の考え方がこの18世紀以来の普遍的過程としての文化というものです。

　それに対して19世紀から登場した新しい文化観というのは、ある民族、特定の民族、時代、集団、あるいは場合によっては、人類一般の特定の生活様式のことを文化というということです。まあ、学問や芸術だけではなくて、ご飯の食べ方であるとか、あるいは衣服であるとか、あるいは場合によっては、集団の中にある様々なルールの違い、こういったものすべてが文化というふうに考えられるという、そういう文化観です。

　ところで、第三番目は、特にメディアの発展によって、多くの人が簡単に学問や芸術にアクセスできるようになった時代に出てきた文化観です。それは、知的活動、特に芸術活動というものを中心にした、そういう作品や実践のことを文化というふうに呼ぶということです。この場合も、ヒップホップを文化に入れるか入れないか、あるいは、アニメを文化に入れるか入れないか、小さいところでは、いろんな意見の違いはあるわけですが、基本的にアニメを文化だというふうに考える人は、アニメもピカソの絵と同じような性格があるというふうに考えて、それを文化だというふうに言うわけです。こういった文化観は、ですから、18世紀的な文化観にかなり影響されながら、しかし、その学問や芸術というものが一部のエリートだけではなくて、多くの人々が表現する、そういう活動に変わってきているということを反映しているというふうに言えると思います。まあ、今、文化には三つのそういう考え方、あるいは、三つの見方があると言いましたが、先ほどのユネスコの文化観、文化の定義は、こういったものをすべて総合したものだというふうに言えると思います。

　このように考えていけば、いい文化と悪い文化、進んだ文化と遅れた文化の違いというものもありません。このような文化観というものが、先ほど人権のところでも述べましたが、19世紀以降の様々な民族の独立といったものと結びついているということも、容易に了解できると思います。

　今お話しした三つの文化観、文化に対する三つの考え方に対応して、人権としての文化、文化権にも三つの権利というものが考えられます。

　第一番目は、自由権としての文化権です。これは先ほど話をした文化の創造、学問や芸術の創造の自由ということに関わる権利で、文化の自由権と言ってもいいかもし

れません。文化を創造し、あるいは自分自身が信じる文化というものを自由に選択していく、そういう創造者の権利を保障していくということです。

　二番目は、社会権としての文化権です。これは先ほどお話ししましたが、文化的な実践やその作品というものを中心にして文化を考えていくという、そういう文化観に対応しています。そのような作品や実践が一部の人だけではなくて、すべての人のアクセスできる対象、すべての人が享受できるものになっていく、それを保証するということです。これはだれもが学問の、芸術の成果を享受でき利用できる、そういう機会を保証するという意味で、社会権としての文化権というふうに言うことができます。

　三番目は、先ほどお話しした集団的な権利、集団的アイデンティティとしての、そのような権利ということに対応する文化権です。マイノリティ集団、あるいは民族のような集団のアイデンティティ、文化的なアイデンティティを尊重する、そして、それを振興し、保護するということを自分たちの義務であり権利であるというふうに考える、そのような文化権に対する考え方です。あるいは、外部の集団に対しては、自分たちにはそういう宗教や言語を選ぶ権利があるということを強く主張していくことになります。

　以上、人権としての文化、文化権というものがどういうものがあり、どういう構造になっているかということを簡単に述べてみました。

　そこにはどういう問題があるかということを、それを次に簡単に考えてみたいと思います。つまり、自由としての、文化の自由という権利と、例えば、集団権としての権利というものの間に矛盾がないのかといった問題です。

4. 文化権に含まれる問題

　一番目に考えてみたいのは、文化の自由、つまり、研究者、芸術家が自由に創造していくということと、多数者の文化や常識、あるいは社会規範、これを集団的な、その文化の権利というふうに考えることもできますが、その間に多くの矛盾が起きる、これはいろんな芸術作品というものが人々の批判によって、そして、人々の批判を受けた政府によって、禁止されていくといったことがこれまでしばしば起こってきているといったこと、あるいは、特定の研究が政府によって禁じられるといったことも起こっている、こういった事実が表していると思います。

　二番目は、やはり個人の文化権としての著作権というものと、それから社会権として、様々な成果を享受、利用できる権利というものが衝突し、矛盾するという事例が非常に多いということです。先進国で作られた音楽やCDが非常に高価で、途上国の人々には手の届かないような価格で売られているということも事実です。そういうものは決して特定の企業や作者だけのものではなくて、人類すべてのそういう成果

であり財産であるというふうに考えれば、この問題をどういうふうに解決していくのかというのも非常に重要な問題になってきています。

　三番目は、次には、集団の権利相互の対立というのが様々なレベルで生じるということです。これは簡単に想像できると思います。例えば、グローバル文化の時代と言われますが、そのようなグローバル文化の侵入に対して、かなりの国は自分たちの民族の文化、国民の文化を守ろうとして、例えば、簡単にそういう芸術の作品や文化の作品を輸入させないとか、あるいは、自分たちの国の芸術家には特別の補助をつける、これは多くの国が当たり前のようにやっていることです。それから、今度はあるAという国の文化とBという国の文化、あるいはAという国の中に生活している集団相互の文化がそれぞれ衝突し、場合によっては流血の事態に至るといった出来事も起こっています。

　今度は一つの集団とその中に存在している、より小さな集団との間の文化の対立という問題です。大きい集団は当然、自分たちの権利、自分たちの文化をすべての構成員が受け止め、理解し、あるいはそれを学んでいくことを求め、そのために学校でもその言葉、その価値観にもとづく教育を行うことが多いわけです。しかし、それは、その中で生活している少数集団にとっては、自分たちの言葉、自分たちの伝統、自分たちの誇りを奪われていくことであります。このような集団の中での大きい集団と小さい集団との文化の対立、このようなものが現在様々な地域で発生しているということになります。

　以上、文化には、その個人の自由と集団の権利との対立ということ、そして、集団の権利と集団の権利の間の様々なレベルでの対立があるんだということを了解していただきたいと思います。

5. まとめ

　最後に、こういったことを踏まえた上で、文化の、その権利というものをまとめてみたいと思います。

　文化権というのは比較的新しい権利です。新しい人権の中には含まれないんだけれども、新しい人権と同じような性格を持っている権利ということになります。それから、自由権、社会権、そして、その集団的権利という三つの人権の性格にそれぞれに重なる、そういう構造を持っているということです。自由権としての文化権、社会権としての文化権、集団的権利としての文化権という三つの構造です。その結果、問題点のところでも触れたように、個人の自由な表現と集団、それから、集団や社会の文化とのそういう調整をどうするか、あるいは集団相互の文化の調整をどうするか、もっと一般的に言えば、多文化の共生という、そういう点をどうしていくのかという

問題が生じてきます。

　しかし、同時に、このためには異なっているもの、違いというものを障害や間違いというふうに考えずに自分たちの生活を豊かに、より豊かにしていく、そういう要素なのだ、つまり文化の多様性というものを理解し、尊重していくということが必要になるわけです。そして、そのようなことが少しでも実現していけば、私たちの社会というものはより安定し、安全に発展していくことができるようになるのではないのか、そういった点に文化権というものの21世紀の重要な意味があるのだということを話して、私の話を終えたいと思います。これで私の話を終わります。

C　内容確認問題　解答

(1) 1　人権の中では新しい権利である。／人権の中で、一番下に置かれている。
　　 2　社会に十分に認知されていない。
　　 3　これから真価が認められるようになる。

(2) 2　4　5

(3)

	内容	具体例
① 自由権	B	b c i
② 社会権	A	d f h
③ 集団的人権	C	a e g

(4) 1　文化の創造と選択の自由を保証していく権利
　　 2　文化は人類の共有財産であるため、だれでも公平に文化にアクセスできる権利
　　 3　文化的なアイデンティティを尊重、振興し、保護する権利

(5) 1　研究者や芸術家個人の自由な表現と、多数者の文化、社会、権力者との衝突がある。
　　 2　文化へアクセスする権利が保障されていない。
　　 3　個人、少数集団、民族・国家というレベル間の衝突がある。

(6) 文化的な差異を文化の多様性として理解し、尊重していくことが重要である。